Liebesbriefe einer reinen Seele

Holger Niederhausen

Liebesbriefe einer reinen Seele

Das Menschenwesen hat eine tiefe Sehnsucht nach dem Schönen, Wahren und Guten. Diese kann von vielem anderen verschüttet worden sein, aber sie ist da. Und seine andere Sehnsucht ist, auch die eigene Seele zu einer Trägerin dessen zu entwickeln, wonach sich das Menschenwesen so sehnt.

Diese zweifache Sehnsucht wollen meine Bücher berühren, wieder bewusst machen, und dazu beitragen, dass sie stark und lebendig werden kann. Was die Seele empfindet und wirklich erstrebt, das ist ihr Wesen. Der Mensch kann ihr Wesen in etwas unendlich Schönes verwandeln, wenn er beginnt, seiner tiefsten Sehnsucht wahrhaftig zu folgen...

1. Auflage September 2015

Umschlagabbildung: Michaela Silber (Ela S.)
Herstellung und Verlag:
BoD – Books on Demand, Norderstedt
ISBN 978-3-7386-4902-4

I.

Liebe Brüder!

Ja, nicht anders will ich Sie nennen, weil wir ja doch auf Erden alle Brüder und Schwestern sein sollen. Ich schreibe nur ‚liebe Brüder', weil ich glaube, dass die Männer auf dieser Welt am meisten Macht haben und ihr Herz oft am wenigsten gerührt werden kann. Die Frauen, die auch reich und mächtig sind, mögen mir verzeihen und mit ihrem Gefühl spüren, dass ich zusammen mit den Männern auch sie anspreche...

Ich heiße Juliane, und ich bin siebzehn Jahre alt. Ich habe beschlossen, von nun an jeden Sonntag, so gut ich kann, um Ihre Milde und Ihr Mitleid zu bitten. Zuerst tue ich das, indem ich wirklich bete. Und danach setze ich mich an meinen Schreibtisch und schreibe Ihnen. Ich weiß nicht, wie meine Briefe Sie je erreichen können, denn wie und auch wo erreicht man die, die reich und mächtig sind? Und dennoch vertraue ich darauf, <u>dass</u> meine Briefe Sie eines Tages erreichen werden – und hoffe so sehr, dass sie, wenn sie Sie erreichen, auch Ihr Herz erreichen werden!

Mein Freund Brendan sagt, das sei sinnlos. ‚Du kannst die Reichen und Mächtigen nie erreichen. Weder deine Briefe erreichen sie, noch würden deine Briefe bei ihnen etwas erreichen. Ja, wenn sie ein Herz hätten...' Und dann sagte er noch: ‚...dann könntest <u>du</u> sie vielleicht erreichen.' Aber – das glaube ich ja eben: dass auch Sie ein Herz haben! Nein, ich weiß es sogar, denn jeder Mensch hat doch ein Herz, und um wieviel mehr haben Brüder ein Herz...

9

Bevor ich angefangen habe, dies zu schreiben, habe ich gebetet. Ich habe zu Gott gebetet, dass Er Ihr Herz rühren möge und dass es möglich werden möge, dass Sie Mitleid haben, immer mehr Mitleid.

Es macht nichts, wenn Sie nicht an Gott glauben. Ich wollte nur, dass Sie auch wissen, was ich gebetet habe. Ich glaube, auch Gott kann Ihr Herz nicht direkt rühren, wenn Sie das nicht wollen. Aber, ich glaube, Er kann Sie irgendwie daran erinnern, was Ihr Herz eigentlich fühlt – oder fühlen möchte. Ich weiß, dass es niemals sinnlos ist zu beten. Ich glaube, ich fühle beim Beten, dass Gott meine Bitte erhört. Aber ob Sie dann auch fühlen, woran Gott Ihr Herz erinnern möchte, das weiß ich nicht. Auch dafür bete ich...

Aber vielleicht wollen Sie wissen, warum ich Ihnen dann überhaupt schreibe. Ich möchte einfach, dass Sie wissen, worum auch ich Sie bitte – und dass es wirklich auch Menschen gibt, die eine sehr, sehr große Hoffnung von Ihnen haben. Und dass es nicht nur so ist, dass man Sie hasst, sondern dass es auch Menschen gibt, die wissen, dass Sie, dass alle Menschen Brüder sind. Ach, wenn Sie dies nur wüssten! Glauben Sie mir – <u>ich</u> denke an Sie als Brüder. Und wenn es niemanden sonst gäbe, der das täte. Aber ich glaube, es gibt noch andere Menschen. Inzwischen frage ich mich, wie man je anders gedacht haben kann. Es gibt ja überhaupt keinen schöneren Gedanken! Die Menschen sollen doch füreinander da sein...

Ich habe keinen eigenen Bruder und keine Schwester. Aber oft hätte ich sie mir gewünscht – einen großen Bruder oder eine große Schwester. Wie oft habe ich es mir vorgestellt!

Und deswegen weiß ich, wie wunderbar es ist. In der Wirklichkeit scheinen auch Geschwister manchmal zu streiten. Aber ich habe das nie verstanden – ich habe mir Geschwister immer nur sehnlich gewünscht...

Haben Sie mit Ihren Geschwistern auch gestritten? Wie ist das, wenn man streitet? Verträgt man sich dann auch wieder? Haben Sie Ihre Geschwister lieb? Oder kann es wirklich sein, dass man seine Geschwister gar nicht liebhat? Aber wenn das so wäre, würden Sie meine Worte und meine Gefühle dabei ja gar nicht verstehen! Das wäre furchtbar, unendlich traurig... Liebe Brüder! Versteht doch, was diese Worte bedeuten, was in ihnen liegt! Versteht doch, dass es unendlich viel ist...

Für mich bedeuten diese Worte mehr als alles Andere.

Ich habe einen unendlich guten Freund, Daniel, er ist für mich wirklich wie ein Bruder. Das ist erst wirkliche, tiefe Freundschaft. Wenn man alles füreinander tun würde, weil man sich so liebt wie Bruder und Schwester.

Mehr kann einem dann nur noch der eigene, einzige Freund bedeuten, den man dann noch mehr liebt als selbst seine Geschwister. Für mich ist das ein Wunder – dass die Liebe noch größer werden kann, wenn sie eigentlich schon unendlich groß ist!

Aber jetzt verstehen Sie hoffentlich, was es bedeutet, wenn man sagt: liebe Brüder...

~ ·~

Liebe Brüder!

Ich habe Ihnen in meinem ersten Brief gesagt, dass es nichts macht, wenn Sie nicht an Gott glauben. Ich meinte damit, dass ich Sie nicht zu etwas überreden will und dass Sie bitte nicht so ein Gefühl haben sollen. Aber es macht wahrscheinlich schon etwas. Ich habe noch einmal über die ‚Brüder‘ nachgedacht. Und ich glaube, man kann sich untereinander um so mehr liebhaben, je mehr man an Gott glaubt.
Natürlich gibt es auch Menschen, die die anderen Menschen sehr liebhaben, obwohl sie nicht an Gott glauben. Und es gibt wohl auch Menschen, die an Gott glauben und die anderen Menschen dennoch nicht liebhaben. Aber ich glaube, dann glauben diese Menschen nicht richtig an Gott – oder sie glauben an Ihn, aber sie tun nicht, was Er wollen würde und was gut ist. Und umgekehrt glaube ich, dass die Menschen, die Gott lieben, Ihn auch in ihrem Herzen haben, selbst wenn sie nicht an Ihn glauben. Gott zwingt ja niemanden, an Ihn zu glauben. Trotzdem kann man in sich die Liebe haben, die es ohne Gott gar nicht geben würde. Jeder Mensch kann immer mehr die Liebe in seinem Herzen finden, weil wir alle von Gott kommen, gerade darum sind wir ja Brüder und Schwestern. Und Gott hat gemacht, dass wir lieben können – und sollen...
Das ist der Grund, warum ich glaube, dass der wirkliche Glaube an Gott auch zu einer wirklichen Liebe führt. Zumindest müsste er das... Wer aber wirklich liebt, hat schon eine Beziehung zu Gott, auch wenn er es nicht weiß... Wenn er es aber wissen würde, könnte seine Liebe höchstens noch größer werden!

Bitte entschuldigen Sie, wenn Ihnen dies jetzt zu viel gewesen sein sollte. Ich weiß ja, dass viele Menschen mit Gott gar nichts zu tun haben wollen. Sogar mein Vater zum Beispiel. Für mich ist das furchtbar, weil ich es einfach nicht verstehen kann. Aber ich muss mich ja erstmal damit abfinden. Nur muss die Liebe dann doch irgendwie anders wachsen können. Aber wie?

Warum wird Gott heute so abgelehnt? Weiß man denn gar nicht, dass alles Schöne immer doch mit Ihm zu tun hat und Ihm zu verdanken ist? Wie könnte es etwas Schönes geben, wenn es Gott nicht gäbe? Aber sehnt sich denn nicht jeder Mensch nach dem Schönen? Woher kommt dann diese Abneigung gegenüber Gott? Woher kommt der Unglaube an Gott? Ist das ein Nicht-Können oder ein Nicht-Wollen? Oder beides? Aber was zuerst? Will man es nicht – und kann es dann irgendwann auch nicht mehr? Oder konnte man es irgendwann nicht mehr – und will es dann auch gar nicht mehr? Oder weiß man gar nicht, was Gott ist – und hat nur eine Abneigung gegen etwas, was Gott eigentlich gar nicht ist? Gott hat doch mit dem Schönen und Guten zu tun, mit der Liebe! Wie kann man dagegen eine Abneigung haben? Wie kann man daran nicht glauben wollen, wo doch jeder Mensch eine so starke Sehnsucht danach hat? Oder ist es wirklich so, dass man eigentlich gar nicht mehr an Gott glauben _kann_ – selbst wenn man es wollte? Das wäre wirklich eine furchtbare Vorstellung! Aber ich glaube, wenn man es will, würde man es auch können. Ja, ich glaube sogar, dass das Glaubenwollen fast schon selbst der Glaube wäre...

Liebe Brüder! Wenn auch Ihr das Schöne und das Gute liebt und Euch danach sehnt, dann glaubt doch, dass es mit Gott zu tun hat – und dann glaubt doch auch an Gott selbst...

Aber bitte entschuldigt – ich habe aufgehört, ‚Sie' zu sagen. Nur kann ich es fast nicht mehr, wenn ich an Sie als Brüder denke, es ist so schwer, dann nicht auch ‚Du' zu sagen. Aber bitte glauben Sie mir, dass in diesem ‚Du' die allergrößte Liebe und Achtung liegt. Verzeihen Sie mir dann, wenn ich vielleicht manchmal ‚Du' sage...?

Mit ‚an Gott glauben' meine ich nicht einfach nur glauben, dass es Gott gibt. Man muss wirklich eine Beziehung zu Gott haben. Sonst glaube ich auch, dass es viel zu schwer wird, an Gott zu glauben, wenn man es vorher nicht gekonnt oder getan hat. Aber wenn man nicht einfach nur denkt, ‚Gott hat mit dem Schönen zu tun', sondern wenn man dies zu glauben beginnt und <u>gleichzeitig</u> beginnt, eine wirkliche Beziehung zu Gott zu haben oder zu suchen – dann ist es wirklich nicht schwer. Denn darauf kommt es doch nur an! Man muss den Glauben einfach nur ernst nehmen. Wenn man das kann, dann glaubt man schon – und wenn man das tut, dann weiß man auch auf einmal, dass es Gott gibt. Das ist ein und dasselbe.
Ich glaube, das Glauben ist nur so lange ein Problem, wie man es nicht wirklich ernst nimmt. Aber dann nimmt man weder Gott ernst noch sich selbst. Wenn man eine wirkliche Beziehung zu Gott hat, kann man doch nicht mehr nicht glauben? Es ist dann auch ganz sicher, dass man sich nichts einredet. Ich rede mir auch nicht nur ein, dass Sie meine Brüder sind. Aber das kann man niemandem erklären: Das

muss man selbst fühlen... Und gerade dazu braucht man vielleicht Gott... Ach, wie schön wäre es, wenn es auch die Menschen könnten, die nicht an Gott glauben! Aber auch sie wären im selben Moment Gott nahe, oder Er ihnen. Auch wenn sie es nicht wissen oder nicht glauben wollen...

~ · ~

Liebe Brüder!

Ich habe noch einmal an meinen Brief von letzter Woche gedacht. Ich hoffe wirklich, dass es Ihnen nicht zu viel geworden ist! Ich selbst liebe Gott so sehr, und Er ist mir so unendlich wichtig, dass ich immer weiter davon schreiben könnte. Aber ich will ja <u>Sie</u> erreichen, und deswegen muss ich wohl aufpassen, dass ich nicht zu viel von Gott schreibe. Es tut zwar weh, davon zu schweigen oder nicht so viel zu sagen, wie man möchte, aber ich muss mich doch auch in Sie hineinversetzen... Selbst wenn ich es nicht verstehen kann, wollen die meisten Menschen von Gott erst einmal nichts wissen – oder jedenfalls nicht viel. Also werde ich, liebe Brüder, um euretwillen viel mehr verschweigen, als ich eigentlich möchte, und nur auf andere Weise versuchen, das auszudrücken, worum es mir geht.

Um Liebe und Mitleid geht es mir, liebe Brüder! Oh, wenn Ihr wüsstet, wie sehr wir alle Brüder und Schwestern sind, Ihr würdet freiwillig all Euren Reichtum teilen und opfern, damit es Eurem Bruder und Eurer Schwester nicht schlecht geht, ich weiß es! Und Ihr würdet all Eure Macht zum Guten einsetzen – immer nur dafür, dass das Gute geschehen würde. Ihr würdet das Gute tun, Ihr würdet überall helfen wollen und alles tun, damit die Welt besser wird, und gerechter, und liebevoller – das glaube ich fest!

Aber warum sehen das die Menschen so wenig? Warum fühlen sie es so wenig? Ich schäme mich nicht, Ihnen zu sagen, dass ich oft weinen muss, wenn ich daran denke, wie wenig die Menschen aneinander denken – und was dadurch passiert. Alle Menschen sind eigentlich so lieb ... aber untereinander sind sie sich auf einmal so egal – und der Eine kümmert sich dann nicht um den Anderen, wenn er ihn nicht kennt. Aber so geht es nicht, denn viele Menschen müssen so sehr leiden! Und man würde doch auch seine Brüder und Schwestern nicht leiden lassen? Man würde ihnen doch voller Liebe zu Hilfe eilen? Ja, würde man nicht lieber sogar selber leiden, als seine über alles geliebte Schwester oder den innig geliebten Bruder leiden zu sehen? Und so muss es doch auch irgendwann unter <u>allen</u> Menschen werden können? Dass man alle Menschen liebt – und dass man nicht möchte, dass ein einziger Mensch leidet? Und dass man ihm sofort helfen möchte?

Wenn Sie leiden würden, ich würde Ihnen sofort helfen wollen. Wenn Sie plötzlich arm wären, ich würde Ihnen sofort etwas von meinem wenigen Geld geben, das ich habe. Man kann einen Menschen doch nicht in Not bleiben lassen. Es ist doch schrecklich, zu wissen, dass ein Anderer leidet, während man selbst mehr als genug hat? Das will man doch keinen Moment? Man würde es doch gar nicht ertragen? Oder ... würden Sie es ertragen? Wäre es Ihnen vielleicht sogar wirklich egal? Oh, liebe Brüder! Ich bitte Sie so sehr, dass Sie es <u>nicht</u> ertragen, dass es Ihnen niemals egal ist! Ich bitte Sie, dass Sie ein Herz haben, dass Sie wirkliches Mitleid haben, dass Sie Ihren Reichtum nicht nur für sich haben wollen, sondern dass Sie damit helfen wollen, so viel Sie können. Ich glaube, wenn man wirklich ein Herz hat, hilft man, wo man kann. Man braucht dann auch keine Gegenleistung, denn man liebt ja. Man ist froh, dass man helfen kann, weil man einfach nicht möchte, dass jemand leidet.

Aber wenn Sie das am Anfang noch nicht können ... wenn Sie eine Gegenleistung haben wollen würden, dann würde ich alles tun. Wenn ich mir vorstelle, dass Sie Ihren Reichtum so mit allen Menschen teilen, dass niemand mehr leiden muss, dann würde ich wirklich alles tun, was Sie verlangen. Ja, ich wäre gern Ihre Dienerin, wenn ich wüsste, dass es dann kein Leid und keine Armut auf der Welt mehr gibt. Alles würde ich tun, wenn Sie Ihren Reichtum teilen würden.
Und vielleicht, wenn ich Ihnen dann viele Jahre gedient habe, werden Sie anfangen, zu erkennen, wieviel schöner das Helfen ohne Gegenleistung ist, weil es erst dann Liebe wird. Oder Sie werden nach und nach erkennen, dass sie, die Ihnen so treu dient, eigentlich Ihre liebe Schwester ist. Und wenn Sie auf diese Weise die Liebe finden, dann werde ich erlöst sein – und Sie auch, denn dann werden Sie wirklich wissen, was Liebe ist – Liebe zu allen Menschen.

Mitleid ... Teilen ... geschwisterlich teilen, das ist das Wundervollste, was es gibt. Eines Tages werden auch Sie dies fühlen, und wir werden zusammen helfen, wo wir können,

Seite an Seite – und ich werde zu Ihnen aufschauen, dankbar für Ihren Mut und Ihre Milde und Ihre Liebe...

~ ·~

Liebe Brüder!

Warum liebe ich andere Menschen? Weil ich eine unendlich große Sehnsucht danach habe, dass sich alle Menschen lieben. Weil das genau die Sehnsucht ist, die ich habe. Es ist das Allerwichtigste, zu lieben. Es ist das, was ich am allermeisten will. Darum tue ich es einfach...
Aber man kann die Menschen doch auch lieben. Ich glaube, je genauer man schaut, desto mehr kann man jemanden lieben. Weil man immer mehr sieht, was für ein Mensch jemand ist. Ich meine, man sieht immer mehr, dass jeder Mensch wirklich ein Mensch ist, ein bestimmter, ganz bestimmter Mensch. Es gibt ihn nur einmal; in dem Moment, wo man das wirklich erlebt, liebt man ihn schon – oder kann man ihn schon lieben. Ich jedenfalls... Bei mir ist es so...
Es gibt einen Moment, wo ich wirklich erlebe: Dieser Mensch ist jetzt hier auf der Welt, mit mir zusammen, und er hat ein Leben, und irgendwann stirbt er; aber jetzt hat er vielleicht Sorgen, und er hat Hoffnungen, er liebt auch seine Eltern oder seine Kinder oder seine Freunde; er hat eine Arbeit, er ist manchmal traurig, manchmal glücklich... Ach, ich weiß nicht, wie ich es erklären soll! Aber wenn ich dies wirklich erlebe: Dieser Mensch ist wirklich dieser Mensch ... dann ist es wirklich wie ein ... ja, wirklich wie ein inneres Erschrecken, aber ein schönes inneres Erschrecken, eine Art Erkennen – und dann ist auf einmal die Liebe da. Es ist ein

18

Gefühl, dass man einen Menschen wirklich sehr, sehr gern hat, einfach weil er <u>da</u> ist.

Es ist eine Art Sehnsucht, jeden Menschen wichtig zu finden – aber man tut es gleichzeitig schon! Und trotzdem glaube ich, dass die Sehnsucht auch da sein muss, denn sonst würde man es auch nicht tun... Sonst würde all das, was ich versucht habe, zu beschreiben, wahrscheinlich gar nicht passieren. Man würde den anderen Menschen gar nicht erkennen, mit diesem inneren Erschrecken, und dann wäre der andere Mensch einem egal. Und so ist es meistens anscheinend leider. Aber bei mir ist es so nicht – und ich will auch nicht, dass es so ist.

Wenn man irgendwo langgeht, und man begegnet plötzlich unerwartet seiner Freundin oder seiner Schwester, dann freut man sich unendlich. Aber vorher ist dieser Moment des Erschreckens da, es ist eigentlich ein zutiefst freudiges Erschrecken oder ein Staunen, eine Überraschung. Aber ist das nicht eine Art freudiger Schock, eine Art Glück, ein Moment des Glücks...? Glückliches Erkennen ist es doch! Glückliche Freude...

Aber so ähnlich ist es auch mit den anderen Menschen. Wenn ich wirklich erlebe: Der Andere <u>ist</u> ein Mensch, er lebt jetzt mit mir auf der gleichen Welt, so wie ich, mit mir – das ist auch eine Art freudiges Erkennen. Man freut sich, dass der andere Mensch da ist, sogar, dass er so anders ist. Ich weiß nicht, wie ich es sagen soll. Der Andere kann sein, wie er will, man freut sich einfach, dass er da ist. Man freut sich darüber, dass man jemanden lieben kann. Man freut sich, dass es Menschen gibt – aber immer wieder einzeln!

~ :~

Liebe Brüder!

Ich habe die ganze Woche darüber nachgedacht, wie ich es noch erklären kann, dass jeder Mensch wirklich etwas so Besonderes ist und dass man wirklich dieses Gefühl haben kann – froh zu sein, dass er da ist. Ich glaube, wenn man alle Menschen lieben <u>will</u>, dann sieht man auch, wie besonders jeder Mensch ist. Es ist, als ob man wirklich anfängt, mehr zu sehen als sonst – oder etwas anderes als sonst; etwas anderes und auch mehr. Was vorher nicht besonders war, wird nun besonders. Ja, gerade das ist es! Man sieht das Einmalige von jedem Menschen – nur er ist genau so, sonst niemand – und dies wird einem zugleich wichtig. Alles wird einem wichtig. Man möchte von keinem Menschen, dass er nicht auf der Erde wäre. Dass er da ist, das allein macht ihn schon wichtig. Er ist da – und man liebt sein Dasein. Man will es einfach. Und weil man es will, ist es auch so. Weil man es will, wird alles wichtig. Man sieht einen Menschen, mit diesem Gesicht und diesen Augen und diesem Alter und dieser Art und mit diesem Charakter und mit diesen Gedanken ... und alles ist <u>dieses</u>, eben genau dieser eine Mensch – und man hat ihn gern, alles an ihm. Und selbst, wenn man etwas an ihm nicht gern hat, hat man ihn trotzdem gern. Ich weiß nicht, wie ich es sonst sagen soll. Das, was einem normalerweise nicht so gefällt, ist einfach nicht so wichtig, weil es gar nicht darauf ankommt, was man nicht mag, sondern darauf, dass man auch diesen Menschen trotzdem mag. Darauf kommt es an! Jeden Menschen lieben zu können, einfach weil er da ist.

Es hat einfach jeder Mensch verdient, geliebt zu werden, egal wie er ist. Und wenn er geliebt wird, kann er sich auch ändern. Aber es kann kein Mensch so schlimm sein, dass er nicht mehr geliebt werden kann. Und außerdem brauchen gerade die schlimmen Menschen unsere Liebe noch mehr. Wie sollen sie sonst je bessere Menschen werden?

Und jeder Mensch kommt ursprünglich von Gott. Der Körper vielleicht nicht direkt, aber die Seele. Und eigentlich hat man gar kein Recht, einen Menschen nicht zu lieben, denn dann würde man etwas nicht lieben, was eigentlich von Gott kommt – auch wenn die schlechten Seiten eines Menschen von ihm selbst ... also, wenn er dafür selbst verantwortlich ist. Aber ja nicht nur er, sondern auch seine Umwelt, die vielleicht genauso schlecht war, oder noch schlechter. Und es stimmt doch: Je mehr schlechte Seiten ein Mensch hat, desto mehr Liebe braucht er, um ihm zu helfen, wieder gut zu werden. Man darf gar nicht aufhören, schlechte Menschen zu lieben, man muss eigentlich anfangen, sie sogar noch mehr zu lieben!

Das ist natürlich schwer, aber was man ganz bestimmt schaffen kann, ist, sie nicht weniger zu lieben als vorher. Das ist auch schwer, aber man muss es doch tun. Und wenn man es wirklich will, dann kann man es auch! Wenn man sich wirklich Mühe gibt, dann merkt man, dass das, was einem nicht gefällt, nicht so wichtig wird; oder jedenfalls dass man denselben Menschen trotz allem lieben kann.

Das ist eigentlich ein unglaubliches Erlebnis – und ein unglaublich schönes Erlebnis. Unendlich schön eigentlich...

~ : ~

Liebe Brüder!

Vielleicht kann man das alles nur, wenn man es wirklich, wirklich will. Sonst würde man es ja auch nie tun. Wenn man es aber erst einmal tut, dann merkt man, wie wunderschön es ist. Man merkt es erst, wenn man es tut! Aber wenn man es nur tut, wenn man es will – wie kann man es dann schaffen, es zu wollen? Ach, liebe Brüder, ich versuche es ja die ganze Zeit, irgendwie zu erklären. Woher kommt es, dass man es will?

Ich glaube, ich habe es gelernt, weil ich an Gott glaube. Dadurch gibt man sich einfach Mühe, freundlich zu sein und andere Menschen gern zu haben. Aber warum ist das so? Man möchte einfach ein guter Mensch sein. Aber nicht einfach nur, weil Gott das ‚gesagt' hat, sondern...
Ja, ich weiß wieder nicht, wie ich es erklären soll. Man will es einfach. Es ist einfach irgendwie wie eine große Sehnsucht in einem. Man will ein guter Mensch sein, aber nicht, um ein guter Mensch zu sein, sondern weil man wirklich spürt, wie wunderschön das ist. Man entdeckt es. Und man entdeckt es sogar da, wo man es noch nicht ist. Die Sehnsucht wird einfach immer größer. Und das Gute zu tun, wird irgendwann das Aller-Allerschönste, was es gibt.
Am Anfang kann man es noch nicht immer, weil man zum Beispiel vielleicht noch ein bisschen faul ist. Aber dann hat man jedenfalls diese Sehnsucht – die immer größer wird. Und die Sehnsucht hilft dann, dass man sogar seine Faulheit überwindet. Man will so viel stärker ein guter Mensch werden, als faul zu bleiben...

Aber, liebe Brüder, das hilft Ihnen zunächst ja nichts, denn Sie glauben ja noch nicht an Gott. Deswegen überlege ich ständig, wie ich es noch anders sagen kann.

Man ist doch auch ein Mensch wie die Anderen. Kann man die anderen Menschen nicht auch schon deswegen liebhaben? Ich meine, wenn man das wirklich einmal ganz ernst nimmt? Ganz, ganz ernst...? Kann man nicht innerlich sagen: Ich bin ein Mensch, und, ja, der Andere ist ja auch ein Mensch. Er ist doch genauso wichtig wie ich... Kann man sich das nicht überlegen und dann auch wirklich so _fühlen_? Also dass man wirklich fühlt: der Andere ist genauso wichtig wie ich. Kann man es nicht zumindest kurz schaffen, dass man sich selbst nicht wichtiger findet als den Anderen? Man kann sich ja wichtig finden, und das ist man ja auch, aber man soll den Anderen nicht _weniger_ wichtig finden. Man soll fühlen, dass er ganz, ganz, ganz genauso ein einzigartiger Mensch ist wie man selbst. Man soll aufhören, den Anderen nach Wichtigkeit weniger wichtig zu finden, bloß weil er ein Anderer ist. Man soll eigentlich anfangen, dass das Wort ‚Anderer‘ nicht bedeutet ‚weniger wichtig‘, sondern ‚genauso wichtig‘! Man soll anfangen, zu fühlen, dass das Wort Mensch und der wirkliche Mensch immer etwas unendlich Wichtiges wird, egal, ob man es selbst ist oder ob es ein Anderer ist. Man soll wirklich jeden Menschen liebhaben können, weil er doch Mensch ist! Er muss nicht ich sein. Ich kann ihn auch liebhaben, wenn er nicht ich ist. Und gerade das ist doch das Wunder-Wunderschöne! Dass es noch mehr Menschen gibt als nur ich.

Warum ist es so schwer, auch die anderen Menschen liebzu-haben? Es ist doch gar nicht schwer! Man muss nur ent-decken, wie schön das ist! Wie schön das Liebhaben ist...

~ · ~

Liebe Brüder!

Das ist es eigentlich – das Liebhaben, man muss nur ent-decken, wie schön es ist... Aber Sie können das nicht ent-decken, wenn Sie nicht liebhaben. Wenn man jemanden liebhat, dann tut man gerne etwas für den Anderen – man tut es einfach gerne! Und wenn man jemanden sehr liebhat, dann tut man für ihn gerne alles, wenn man es kann. Lieb-haben bedeutet, gerne etwas für den Anderen tun. Wenn Sie aber nicht gerne etwas für den Anderen tun, dann können Sie auch nicht liebhaben. Wenn Sie lernen wollen, andere Menschen liebzuhaben, müssen Sie lernen, gerne etwas für Andere zu tun. Wenn man sie schon liebhat, will man es schon – aber wenn man das Eine erst lernen will, muss man auch das Andere erst lernen. Aber etwas für Andere zu tun, ist schwer, wenn man nur an sich denkt. Man muss also lernen, auch an Andere zu denken.

Wenn ich irgendwo langgehe, und ich treffe zum Beispiel in einem Treppenhaus einen anderen Menschen, dann grüße ich ihn. Ich glaube, das ist so etwas. Man denkt einfach auch an den Anderen – und ist einfach freundlich. Darüber muss man irgendwann eigentlich gar nicht mehr nachdenken, es ist dann einfach selbstverständlich geworden, weil man es ganz selbstverständlich will. Und trotzdem ist es immer etwas Besonderes! Man macht es nicht automatisch – ich jedenfalls nicht. Man will freundlich sein, und man ist es. Man sieht, da kommt ein anderer Mensch, und man grüßt ihn freundlich, weil man es will, wirklich will. Und man spürt, wie schön es ist, selbst bei solchen Kleinigkeiten. Für mich sind es gar keine Kleinigkeiten...

Es ist ein winziger Moment der Begegnung. Viel zu winzig... Inzwischen frage ich mich oft, was das wohl für ein Mensch ist, dem ich da nur für einen Augenblick begegne, und ich fühle irgendwo in mir etwas Trauriges, dass ich diesen Menschen wahrscheinlich nie kennenlernen werde, dass ich ihm nur in diesem, jetzt schon vergangenen Moment eine einzige Sekunde lang begegnet bin. Man wird traurig, dass das so ist. Es ist nur ein leises Gefühl, wie ein Flüstern; und trotzdem fühlt es sich unendlich kostbar an. Ich glaube, genau daran merkt man, wie sehr man die Menschen inzwischen liebhat.

Ich weiß nicht, ob solche Erlebnisse irgendjemand verstehen kann. Vielleicht muss man solche Gefühle wirklich erst selbst haben, um sie zu verstehen.

Aber freundlich zu sein, ist ja noch am einfachsten. Das Liebhaben ist ja doch noch viel mehr. Wenn jemand Hilfe braucht, dann soll man helfen. Aber man soll es wollen. Das kann man aber nicht, wenn man den Anderen nicht liebhat. Wenn man den Anderen aber nicht weniger liebhat als sich selbst, dann hilft man gerne. Und es ist auch umgekehrt: Wenn man gerne hilft, dann hat man den Anderen nicht weniger lieb als sich selbst.

Aber man darf dann nicht nur alle Zeit für sich haben wollen. Helfen ist manchmal wirklich Arbeit und braucht

Zeit. Dann ist es nicht so einfach wie beim freundlichen Grüßen. Und trotzdem kann man gerne helfen wollen. Aber dann muss einem ein Mensch, der Hilfe braucht, wirklich wichtig sein. Es muss einem wichtig sein, wenn es einen Menschen gibt, der Hilfe braucht. Es muss einem dann wichtig sein, ihm zu helfen. Es darf einem nicht egal sein, wenn ein Mensch Hilfe braucht. Man muss ein schlechtes Gewissen bekommen, wenn man nicht hilft... Aber nicht, weil man gelernt hat, man soll helfen, sondern weil man eigentlich wirklich helfen will und nur zu faul war und sich dann aber auch sofort selbst deswegen schämt. Man schämt sich, dass die eigene Faulheit größer war als der Wille zu helfen. Man schämt sich, dass der Wille zu helfen nicht ganz klar größer war als die Bequemlichkeit. Wie kann die Faulheit je die Hilfsbereitschaft besiegen? Das ist eigentlich eine furchtbare Tatsache...

Aber es ist ja nicht nur die Faulheit. Es ist auch die Frage, ob man überhaupt nur für sich Zeit opfern will. Für sich ist es ja gar kein Opfer... Aber wenn man alle Zeit für sich haben will, dann wird man nie jemandem helfen. Und dann ist man eben ganz egoistisch – nicht nur, weil man nie etwas für Andere tut, sondern schon deshalb, weil man alle Zeit für sich haben will.
Man kann für Andere nur etwas tun, wenn man an <u>sie</u> denkt und nicht an sich. Wenn man aber immer an sich denkt und auch von seiner Zeit nichts abgeben will, dann ist es nicht möglich, etwas für Andere zu tun. Dann will man es auch nicht, und dann kann man auch niemanden lieb-haben – nur sich selbst. Aber dann ist man eigentlich sehr, sehr einsam.

Wenn man von seiner Zeit etwas abgibt und gerne für Andere da ist, wenn sie einen brauchen, dann verliert man Zeit für sich – aber das macht nichts, denn man ist ja gerade gerne für Andere da, und es erfüllt einen mit Freude, jemandem helfen zu können, der Hilfe braucht. Wenn man dies aber gerne tut, dann verliert man ja gar keine Zeit. Wie kann man Zeit verlieren, wenn man etwas tut, was man gerne tut? Man tut ja genau das, was man will! Und es ist viel, viel schöner, auch für Andere da zu sein, als alle Zeit für sich haben zu wollen und zu sehen, wie Andere Hilfe brauchen, und nicht zu helfen – oder sogar zu verlernen, es zu sehen.

Man kann entweder ganz und gar für sich leben, einsam und egoistisch, oder gerne für Andere da sein, und das bedeutet, die anderen Menschen wirklich liebzuhaben.

~ ·~

Liebe Brüder!

Dieses Liebhaben ... das meine ich für alle Menschen. Wenn man nur an seine Familie und Freunde denkt und einen die anderen Menschen alle nicht wirklich interessieren, ist man immer noch egoistisch. Vielleicht ist man dann nicht mehr einsam, aber eigentlich ist man es doch, denn der allergrößte Teil der Welt interessiert einen gar nicht. Eigentlich ist das unendlich traurig, denn die Welt ist nicht dafür da, dass jeder nur mit seinem winzigen Freundeskreis vor sich hin lebt, sondern wir sollen wirklich lernen, uns alle liebzuhaben.

Es klingt so blöd, wenn ich es so sage. Aber es gibt nichts Wichtigeres, als dass alle Menschen immer mehr anfangen, den Anderen als Bruder und Schwester zu fühlen und für ihn genauso gern da zu sein wie für sich selbst. Wenn man nur für sich selbst da ist – oder für ganz wenige, bestimmte Menschen, ist man noch ganz egoistisch. Aber wenn man füreinander da ist, jeder Mensch, alle, füreinander, dann...

Ich kann es nicht erklären. Dann ist die ganze Welt verwandelt. So als ob die Welt auf einmal wie eine Sonne leuchtet. Dann wäre die Welt ein unendlich, unendlich schöner, kostbarer, heiliger Ort.

Nur die Liebe, das wirkliche Liebhaben, kann die Welt schön machen – schön und heilig. Heilig bedeutet eigentlich: unendlich schön. Die Liebe ist heilig, denn sie ist das Schönste, was es gibt. Sie ist ganz für den Anderen – und zugleich ist man selbst unendlich glücklich, wenn man liebt. Man ist glücklich, wenn der Andere glücklich ist, oder wenn man für ihn da sein kann. Und das ist das Heilige, dass man nicht an sich denkt, sondern an den Anderen – und dass dies das Kostbarste ist, was es gibt: dies zu können... Die Liebe ist heilig, weil es nichts gibt, was heiliger ist. Was ,heilig' ist, kann man einfach nicht weiter erklären. Es bedeutet das Wertvollste überhaupt.

Liebe Brüder! Die Liebe ist eigentlich selbst wie ein Licht, wie wunderschöne, wärmende Sonnenstrahlen. Vielleicht ist man gerade deshalb so glücklich, weil man etwas so Wunderschönes in sich tragen darf. Im Sonnenschein ist man ja auch glücklich. Und nun scheint die Sonne in einem selber, für Andere, aber in einem, im eigenen Herzen. Das eigene Herz wird Sonnenschein... Etwas Schöneres kann es doch wirklich nicht geben!

Liebe Brüder!

Bitte probiert es, was ich zu beschreiben versuche. Bitte haltet mich nicht einfach nur für ein naives Mädchen, sondern versucht es trotzdem. Selbst wenn Ihr mich für naiv haltet, versucht es trotzdem! Wenigstens einmal... Ein einziges Mal... Ich verspreche Euch: Wenn ihr auch nur ein einziges Mal von Herzen helft, wo jemand Hilfe braucht, ein ganz fremder Mensch, dann werdet Ihr selbst erleben, wie unbeschreiblich schön dies ist. Anders als alles, was man bis dahin gekannt hat. Aber es muss wirklich aus tiefstem Herzen sein, wenigstens ein einziges Mal...

Aber ... vielleicht lernt man, all dies zu lieben und auch ein einziges Mal wirklich von ganzem Herzen etwas für jemanden ganz Fremden zu tun, nur auf andere Art. Ich musste gerade daran denken, dass man vielleicht <u>alle</u> Dinge liebhaben muss, ja sogar alle Augenblicke.
Ich erschrecke oft davor, wie Menschen etwas tun. So achtlos... So, als ob es nur eine lästige Pflicht ist — oder nicht mal das!
Es ist vielleicht ein etwas ekliges Beispiel für Sie, aber ich finde, man kann selbst den Müll lieben. Wenn ich sehe, wie meine Eltern etwas wegwerfen, werde ich immer traurig. Es ist wirklich so achtlos, sogar mit Abneigung... Wenn ich Gemüse geschält habe, macht es mich immer traurig, dass ich überhaupt etwas wegwerfen muss, was die Müllberge erst einmal vergrößert. Es gibt doch irgendwo auch Kompostmüll. Wir haben in unserem Haus leider keinen... Aber dann sehe ich diese Möhren- und diese Gurkenstreifen, diese Zwiebelschalen, und ich denke mir: Danke, dass ihr für die

Möhren, die Gurke, die Zwiebel da wart; es tut mir leid, dass ich euch jetzt wegwerfen muss. Und mit Liebe tue ich sie in den Abfalleimer. Es ist wie ein Abschied – ja, ist es auch! Selbst den Abfalleimer würde ich anders nennen wollen! Kann man ihn denn nicht wirklich anders nennen? Abschiedseimer... Trennungseimer...

Es tut mir wirklich auch weh, in den Plastikmülleimer die Verpackungen noch hineinzustopfen, wenn er eigentlich schon voll ist. Meine Eltern machen das. Aber es kommt mir wie richtige Gewalt vor. Wenn die Verpackungen bis oben darin liegen, bringe ich alles hinunter – und auch das mit Liebe, mit diesem Gefühl: Danke, dass ihr für mich da wart; und es tut mir leid, dass ich überhaupt Müll machen muss...

Aber diese Liebe habe ich auch bei allem anderen, ich <u>will</u> gar nicht irgendetwas tun ohne dies. Es ist eine Aufmerksamkeit, nein, wirklich eine Zuneigung zu allem. Wenn ich zum Beispiel im Supermarkt an der Kasse bezahlen muss, dann suche ich auch das Geld mit diesem Gefühl heraus: den Schein, die Münzen. Ich nehme sie nicht einfach, sondern es ist, wie wenn man selbst zu den Münzen noch freundlich ist. Nicht nur freundlich, sondern ... ja, sanft. Liebevoll eben...

Wenn ich es für Sie so beschreibe, schäme ich mich fast, darüber zu reden, weil ich finde, dass es so selbstverständlich sein sollte. Versuchen Sie es doch nur einmal, liebe Brüder! Ich glaube, das Leben wird erst dadurch wirklich schön... Ich kann es mir ohne diese ‚Sanftheit' und wirkliche Zuneigung gegenüber <u>allem</u> gar nicht wirklich vorstellen...

Wenn ich andere Menschen beobachte, erschrecke ich oft, und ich frage mich: Wie fühlen sie eigentlich das Leben?

Wie fühlt man sich, wenn man gegenüber nichts wirklich etwas fühlt?

Wenn man sich einen Tee gemacht hat – kann man ihn dann wirklich einfach so trinken? Ich nehme schon den Becher, wie soll ich sagen ... behutsam, sanft in die Hand, ich trinke vorsichtig und dankbar einen Schluck. Jeder Moment ist doch eigentlich etwas Besonderes, aber nicht nur der Moment, sondern das, womit man zu tun hat – der Becher, der Rand des Bechers, der heiße Tee, ja sogar dieser Schluck. Man kann alles nicht beachten – oder man kann alles so sehr beachten wie möglich; mit Zuneigung behandeln und mit Zuneigung tun. Man kann wirklich auch die Dinge lieben, wirklich lieben! Diesen einen Schluck Tee werde ich nur ein einziges Mal in meinem Leben trinken, aber jetzt ist er ganz für mich da. Warum sollte ich nicht auch ganz für ihn da sein, in diesem Moment ganz an ihn denken, voller Dankbarkeit?
Sanft ... liebevoll ... ich glaube, nur so lebt man wirklich mit den Dingen, begegnet ihnen wirklich. Auch der kleine Schluck ist etwas. Auch er lebt sozusagen. Ich kann ihm in diesem Moment begegnen oder auch nicht. Ich kann ihn beachten und lieben, in diesem einen einzigen Moment, wo er da ist, nur für mich ... oder ich kann ihn einfach herunterschlucken, nie beachtet, einfach nur geschluckt, wie ein Sklave, ein bedeutungsloses Etwas, ein Nichts.
So will ich nicht leben! Ich will noch das Kleinste, das für mich da ist, mit derselben Liebe beachten, wie es für mich da ist. Die Dinge dienen den Menschen immer ganz – und bleiben doch fast immer ganz unbeachtet. Gibt es einmal einen

Menschen, der auch die Dinge ganz beachten und lieben kann?

Können wir in unserem Herzen fühlen, wie sehr uns die Dinge dienen? Ganz und gar dienen, sozusagen voller Liebe? Fühlt man dann nicht, wie sie hoffen, dass auch wir sie beachten? Ich glaube, dass es so ist. Ich glaube wirklich, dass die Dinge eine Sehnsucht danach haben, dass wir sie nicht wie tote Dinge behandeln und wie ein Nichts beachten. Aber ich kann es niemandem beweisen. Ich weiß nur, dass ich dies wirklich zu fühlen beginne, wenn ich selbst die Dinge zu beachten anfange. Wenn ich sie selbst als lebendige behandle, dann werden sie auch lebendig – und ich glaube, dass dies keine Täuschung ist. Man muss erst anfangen, die Dinge mit Liebe zu behandeln, dann zeigen sie sich einem, wie sie wirklich sind...

Aber, liebe Brüder, selbst wenn Ihr mir dies nicht glaubt, so glaubt mir bitte wenigstens, wie schön das Leben wird, wenn man dies trotzdem tut. Wie kann ein Moment schön sein, in dem man etwas nur ganz achtlos tut? Wie kann ein Leben schön sein, das aus achtlosen Momenten besteht? Und warum sollte ein Leben nur aus wenigen, wirklich besonderen Momenten bestehen, während der Rest mit achtlosen Augenblicken gefüllt ist? Wird es nicht um so schöner, je mehr <u>jeder</u> Moment ein besonderer wird? Kann man denn nicht wirklich jedem Ding gegenüber eine Art Freundlichkeit zu empfinden beginnen...

~·~

Liebe Brüder!

Vielleicht verachten Sie den Schluck Tee oder die lieben Möhrenschalen, weil Sie finden, dass Sie viel wichtiger sind als diese. Und das mag sein. Aber wenn man so denkt, dann kann man die Dinge nicht lieben, und dann wird man wieder einsam, umgeben von Momenten, die einem nichts bedeuten, weil die Dinge einem nichts bedeuten, weil man nicht lernen kann, sie zu lieben.

Sie können sich ja wichtiger fühlen, aber ... können Sie das in diesem einen Moment, wo Sie der Möhrenschale gegenüberstehen und sehen, wie sie Ihnen und der Möhre gedient hat, nicht kurz <u>vergessen</u>? Es bedeutet doch nicht, dass die Möhrenschale wichtiger ist als Sie, es bedeutet nur, dass Sie kurz vergessen, dass Sie alles andere unwichtiger finden. In dem Moment, wo man einem Ding, und sei es noch so klein, begegnet, ist es doch ganz unwichtig, wer oder was wichtiger ist. Kann ich nicht gerade dann, wenn ich weiß, wie unbedeutend ein Ding scheinbar sein mag, ihm meine Liebe um so mehr schenken? Die Liebe hängt doch überhaupt nicht von der Bedeutung der Dinge ab... Kann man nicht lernen, noch dem unbedeutendsten Ding seine Liebe zu schenken?

Liebe Brüder, haltet Ihr das denn für unter Eurer Würde? Aber ich glaube, die Würde eines Menschen nimmt gerade in dem Maße zu, wie er selbst die kleinsten Dinge noch lieben kann, die scheinbar weit unter ihm stehen. Je mehr ein Mensch lieben kann, um so schöner und größer wird seine wahre Würde.

~ :~

Liebe Brüder!

Ich habe über diese Gefühle nachgedacht. Ist es nicht sogar eine Art Ehrfurcht, die man gegenüber den Dingen empfindet? Ist denn Ehrfurcht etwas Schlechtes? Ist es nicht Dankbarkeit und Liebe in einem, gleichzeitig? Ich meine wirkliche Dankbarkeit, aufrichtige Liebe? Sind das nicht heilige Gefühle? Wie könnte man sich je schämen, sie zu haben, oder sie als unter seiner Würde betrachten? Man schämt sich dann doch, die schönsten und heiligsten Empfindungen zu haben, die man haben kann, auch gegenüber den Dingen. Kann man je Gott lieben, wenn man nicht dadurch lernt, alles, alles zu lieben und zu achten? Noch das Kleinste?

Das Kleinste kann ich gerade deshalb so innig achten, weil es so klein ist. Es ist fast wie eine Art Mitleid – und doch ganz anders. ,Gott hat dich nur so klein geschaffen, aber ich sehe dich trotzdem, ich liebe dich trotzdem, deine Größe nimmt nichts davon weg, gar nichts...' Kann man nicht so gegenüber allem denken und fühlen?

Es ist doch wie ein Geschenk, dass man selbst größer ist! Es ist doch ein unendliches Geschenk, dass ein Mensch so viel mehr ist als dieses Stück Möhrenschale oder dieser eine Schluck Tee gerade in diesem Moment. Kann man nicht schon aus unendlicher Dankbarkeit <u>darüber</u> auch diesem einen Schluck alle Achtsamkeit und Sanftheit schenken, die ihm sonst niemand zu schenken scheint?

Kann man nicht wirklich anfangen, mit den Dingen zu leben? Sie verdienen es doch so sehr... Gerade weil sie es überhaupt nicht zu verdienen scheinen, verdienen sie es eben sogar am meisten!

Aber das muss man fühlen, und nur wenn man es fühlt, wird man auch wirklich anfangen wollen, so mit den Dingen zu leben. Aber dann wird man auch merken, wie schön das ist, unendlich schön... Ich kann es mir nicht vorstellen, anders mit den Dingen zu leben. Aber Ihr, liebe Brüder, Ihr könnt auch entdecken, wie schön das Herz dadurch wird! Denn es ist doch das Herz, das dies alles fühlt? Wenn das Herz Sanftheit fühlt, ist es selbst sanft. Wenn das Herz Liebe empfindet, ist es erfüllt von Liebe. Was ist das Herz, wenn es nichts fühlt...?

~ ·~

Liebe Brüder!

Kann man die Menschen wirklich beachten, wenn man die Dinge nicht beachtet? Ich glaube, beides hat ganz viel miteinander zu tun.
Oft bemerke ich, dass die Menschen sich nicht wirklich zuhören können. Sie hören zwar zu, aber sind mit ihren Gedanken trotzdem ganz woanders — oder haben sofort zu allem eine Meinung. Aber dann hören sie eben nicht wirklich zu. Wenn man das erlebt, kann einem dieses Erlebnis sehr, sehr weh tun.
Wenn ich einem Menschen zuhöre, höre ich ihm immer ganz zu. Und ich versuche, ihn auch ganz zu verstehen, warum er etwas denkt und so weiter. Dann tut es auch sehr weh, wenn man merkt, dass der Andere nicht so zuhört, wie man ihm zuhört. Man fühlt sich dann oft sehr einsam. Und trotzdem möchte ich selbst nie anders zuhören, als ich es tue.

Ich kann auch niemandem böse sein. Wenn jemand etwas zu mir gesagt hat, was mich sehr traurig gemacht hat, sogar wenn er mich absichtlich verletzt hat, und er würde mich im nächsten Moment etwas fragen und wirklich das Bedürfnis nach einer Antwort haben – ich würde antworten. Oder das Bedürfnis danach, dass ihm jemand zuhört – ich würde zuhören... Ich kann jemanden nicht ohne Antwort lassen, wenn er gefragt hat. Ich kann jemanden nicht allein lassen, wenn er sich allein fühlt...

Aber warum kann man einander nicht <u>so</u> zuhören? Dass man dem Anderen wirklich zuhört, und nichts denkt, nicht lauter eigene Gedanken, sondern <u>einfach</u> nur zuhört? Kann man das denn verlernen? Oder will man es nur nicht?
Vielleicht will ich es deshalb so sehr, weil es mir selbst so weh tut, wenn man sich nicht wirklich zuhört; wenn man viel Innerliches von sich gesagt hat und sich hinterher einsamer als vorher fühlt, denn man hatte doch so eine Hoffnung, verstanden zu werden...
Ich sage nicht mehr oft etwas von mir, denn ich habe dies zu oft erlebt. Aber vielleicht weil ich weiß, wie das ist, höre ich anderen Menschen so sehr zu, wie ich kann. Wenn ich zuhöre, gibt es nur den anderen Menschen. Seine Augen, seine Stimme, was er sagt... Wenn dann Menschen zu mir sagen, dass ich gut zuhören kann, dann schäme ich mich immer, denn ich hoffe einfach nur, dass es immer so wäre! Man will doch nicht für etwas gelobt werden oder Dank bekommen, nach dem man sich selbst so sehr sehnt? Am liebsten würde ich dann immer traurig fragen: Kannst Du es denn nicht so...?

Ich glaube, das Zuhören ist überhaupt das Allerwichtigste auf der ganzen Welt. Wie will man einander denn sonst überhaupt begegnen? Man _würde_ sich überhaupt nie wirklich begegnen, wenn man sich nicht zuhören kann. Die Begegnungen sind dann immer nur winzig. Ich hatte so viele schmerzliche Gespräche, zum Beispiel mit meinen Eltern, wo ich nie das Gefühl hatte, verstanden zu werden. Aber dann ist es überhaupt keine wirkliche Begegnung. Es ist wie ein kleiner Rest von Begegnung, aber das Wirkliche, Wertvolle, nach dem man sich so sehnt, fehlt ganz. Es tut so weh...

Aber so kann es doch nicht bleiben! Die Menschen müssen doch lernen, sich wirklich zu begegnen? Sie müssen doch lernen, sich _wirklich_ zuzuhören? Von ganzem Herzen? So dass beim Zuhören kein Blatt zwischen den einen und den anderen Menschen passt? So dass nichts einen ablenken kann? So dass man ganz, ganz, ganz beim Anderen ist?
Wenn ich jemandem zuhöre, will ich ihn nicht einmal wegen einer Fliege allein lassen, die sich auf meinen Arm gesetzt hat. Ich wende meine Augen nicht von den seinen, vorsichtig streife ich langsam einmal kurz über die Stelle, wo sie sitzt, damit sie wegfliegen kann, und höre zugleich mit ganzem Herzen weiter zu...
Ich habe das Gefühl, ich habe viel mehr Übung, mich nicht ablenken zu lassen, als Andere. Aber stolz bin ich darüber nicht — nur traurig. Es hängt mit dem Willen zusammen — ich _will_ nur genau so zuhören und nicht anders.
Aber warum wissen auch hierbei wieder nur so wenig Menschen, wie schön das eigentlich ist? Merken sie denn nicht, dass eine Begegnung um so mehr zustande kommt, je mehr man sich zuhört? Wollen sie sich denn auch gar nicht begeg-

nen? Liebe Brüder! Was ist denn die Welt ohne Begegnung? Merkt man gar nicht, wie einsam man ist ohne wirkliche Begegnung?

~ · ~

Liebe Brüder!

Ich bin schon Menschen begegnet, die haben über alles geschimpft, die ganze Welt! Und ich bin Menschen begegnet, zum Beispiel in der Bahn, die haben jeden Blickkontakt vermieden. Einen einzigen Blick! Wieso vermeidet man so etwas? Die Menschen tun dann immer sehr, na ja, sehr souverän. ‚Das macht man so‘, steht dann in ihrem Gesicht, sehr ernst und wichtig. Aber <u>sie</u> machen das so. Ich würde es nie so machen und auch nie wollen.
Warum vermeidet man die Welt? Schon eine kurze Berührung mit dem Blick? Ist es Abneigung oder Angst? Oder erst Abneigung und dann Angst? Kann man es irgendwann gar nicht mehr? Aber warum tut man dann so wichtig? Man gibt dem Anderen das Gefühl, er sei ganz unwichtig, dabei hat man Angst, ihm auch nur einen einzigen Blick lang zu begegnen... Aber wovor hat man Angst? Oder wogegen eine Abneigung? Ist die Begegnung mit anderen Menschen so schlimm? Es ist doch etwas Schönes! Meistens. Fast immer. Nicht schön ist eigentlich nur die Begegnung mit solchen Menschen. Nicht schön ist sie, weil sie gar nicht stattfindet — weil einen diese Menschen durch ihr Nicht-Anschauen von sich fortstoßen...
Warum tut man so etwas? Wegschauen, über alles schimpfen ... man macht sich doch nur selbst einsam! Fühlt man

sich dann wohl? Ich habe diese Menschen nie lächeln sehen – sie können sich gar nicht wohlfühlen! Aber warum nur machen sie es dann? Es kann doch nur Angst sein, obwohl sie ganz anders tun...

Und bei denen, die über alles schimpfen, ist es auch noch ein Rechthaben-Wollen. Aber das ist eigentlich auch nur Angst. Wenn sie nicht über etwas schimpfen könnten, hätten sie nichts mehr, nicht mal mehr sich selbst. Sie schimpfen aus Angst, ganz zu verschwinden...

Ach, liebe Brüder, Ihr braucht wahrscheinlich nicht mit der Bahn zu fahren, Ihr braucht wahrscheinlich weniger Menschen zu begegnen als jeder Andere. Aber ich hoffe, dass Ihr es dennoch tut, dass Ihr der Begegnung gerade nicht ausweicht. Denn woher soll die Liebe kommen, wenn man den Menschen, die man lieben soll, gar nicht begegnen will?

Begegnung ist ja nicht immer einfach. Aber wenn man aufhört, anderen Menschen begegnen zu wollen, verlernt man, wie schön Begegnung doch immer ist, auch da, wo es mal nicht so einfach ist. Ich würde nie darauf verzichten wollen! Irgendwo liegt immer das Schöne und Wertvolle verborgen – und man weiß es nicht vorher.

Und ich hoffe auch, dass Ihr nicht über Anderes schimpft – denn Ihr habt wirklich am wenigsten Grund dazu. Schimpfen macht das Herz hart, und was soll geschehen, wenn Euer Herz nicht weich wird? Das Herz will nie hart sein, aber der Mensch schimpft und schimpft, als wenn sein Herz das Unwichtigste von allem wäre. Wollen die Menschen wirklich mit einem Steinherz durch die Gegend laufen? Aber dann wären sie ja selbst Steine!

Jedes Schimpfen ist wie ein Eiswürfel, der das Herz wieder ein wenig kälter und härter werden lässt. Haben die Menschen so viel Wärme im Herzen, dass sie das alles immer wieder auflösen können?

Wieviel schöner wäre es, Hitzewürfel in sein Herz fallen zu lassen, Würfel aus heißer Liebe zu allen Menschen...
Die würden dann nicht den Mund das Hässliche sagen lassen, sondern sie würden den ganzen Menschen das Gute tun lassen. Man würde nicht schimpfen, sondern helfen, trösten, freundlich sein, den Anderen anschauen... Auch die Eiswürfel in den anderen Herzen würden dann schmelzen!
Es müsste nicht nur Eisverkäuferinnen, sondern auch Hitzewürfelverschenkerinnen geben!

Ich will eine sein, wenn ich kann...

~ · ~

II.

Liebe Brüder!

Habt Ihr einmal mit Eurer Freundin, die Ihr liebtet, am Lagerfeuer gesessen, und da war der Geruch des Rauches, das Knistern der Flammen ..., und dann, als das Feuer allmählich ausging, habt Ihr unter dem Sternenhimmel geschlafen, eng aneinandergekuschelt?
Wenn man auch nur ein einziges Mal so unendlich glücklich war, können einem dann andere Menschen jemals egal sein? Fühlt man sich nicht für immer allen Menschen irgendwie verbunden? Kann man dann noch jemals jemanden unglücklich sehen?
Und auch, wenn man selbst einmal zutiefst unglücklich war — kann man dann einen anderen Menschen noch unglücklich sehen? Hat man nicht von da an immer Mitleid? Warum gibt es Menschen, die kein Mitleid haben? Ist es wirklich möglich, helfen zu können und nicht helfen zu wollen?

Liebe Brüder, jetzt habe ich so lange versucht, zu beschreiben, wie man sich untereinander liebhaben kann, dass ich nur noch hoffen kann, dass Sie es fühlen konnten. Denn jetzt kann ich Sie nur fragen: Können Sie von Ihrem Reichtum nicht denen abgeben, die arm sind? Ich kann Sie dies nur ganz hilflos fragen...
Aber es gibt Menschen, die können sich nichts leisten — nicht einmal Eis essen gehen, keine neue Hose, keine Reparatur der Waschmaschine, schon gar keinen Urlaub...
Wahrscheinlich können Sie sich das gar nicht vorstellen. Aber es gibt ganz viele solche Familien. Menschen, die dann ein Leben lang so leben müssen: Immer Sorgen, Verzweiflung, nie einmal ein kleines Vergnügen...

Können Sie sich das vorstellen? Bitte, stellen Sie sich das einmal wirklich vor! Stellen Sie sich vor, dass diese armen, lieben Familien gleichzeitig mit Ihnen auf der Welt leben, sogar in der gleichen Stadt, vielleicht gar nicht weit weg, und sie haben nichts zum Leben, es reicht nur für das tägliche Sorgehaben, nie für ein wenig Freude oder auch nur die nötige Kleidung ... und Sie haben jeden Monat eintausend, zweitausend, dreitausend, vielleicht sogar noch mehr Euro, die Sie ausgeben können. Können Sie nicht spüren, was für ein Leben das ist, wenn man täglich nur Sorgen hat? Sorgen, Sparen, Verzichten, Sorgen... Kann man auf diese Weise gleichzeitig auf _einer_ Welt leben und nicht Mitleid oder sogar Scham empfinden? Wie kann man, wenn man das weiß, in teure Restaurants gehen, teure Urlaube machen, auf unendlich viele andere Weisen viel Geld ausgeben — und nichts von seinem vielen Geld abgeben, um auch der anderen Familie zumindest ein ganz, ganz bescheidenes Glück zu ermöglichen? Können Sie das nicht tun, liebe Brüder?

Sie können doch Ihres Lebens und Ihres Luxus unmöglich glücklich sein, wenn Sie wissen, dass andere Familien so unendlich unglücklich und arm sind! Wie kann man es aushalten, reich zu sein und nicht zu teilen, wenn Andere arm sind?

Liebe Brüder! Was machen Sie mit Ihrem ganzen Reichtum? Gehen Sie jeden Tag essen? Feiern Sie teure Partys? Betreiben Sie teure Sportarten? Sind Sie dabei glücklich? Im Restaurant? Auf der Party? Beim Sport? Wofür geben Sie Ihr Geld noch aus? Und wobei sind Sie wirklich glücklich? _Sind Sie jemals wirklich glücklich?_ Ich meine, tief von Herzen?

Ich meine nicht das Glück, das man vielleicht fühlt, wenn man an einem Pool liegt und von einem Diener Getränke bekommt – ist das Glück? Wie lange? Sondern ich meine das Glück, das man fühlt, wenn man mit dem geliebtesten Menschen aneinandergekuschelt unter dem Sternenhimmel liegt. Wann waren Sie zuletzt _so_ glücklich? Wann erleben Sie diese Art von Glück? Und wie oft geben Sie viel Geld aus, ohne auch nur eine Spur von _diesem_ Glück zu erleben?

Aber wissen Sie, wie unendlich glücklich andere Familien schon wären, wenn sie einmal zwanzig oder einhundert Euro geschenkt bekämen und zur Verfügung hätten? Haben Sie eine Ahnung, wie glücklich Sie Menschen schon mit so wenig Geld machen könnten?

Wissen Sie, wie glücklich es einen selbst macht, Andere glücklich zu machen? Versuchen Sie es einmal, liebe Brüder! Verzichten Sie einmal auf ein oberflächliches Vergnügen, das Sie sowieso nicht glücklich macht, oder Sie haben ja so viel Geld, dass Sie sowieso auf nichts verzichten müssen – und verschenken Sie zwanzig oder einhundert Euro an eine bedürftige Familie. Und dann erleben Sie die Dankbarkeit der Menschen ... und dann Ihr eigenes Glück!

Aber verzichten ist auch gut. Verzichten Sie einmal auf etwas, und erleben Sie, wie gut auch ein Verzicht tun kann. Aber dann verzichten Sie einmal eine Woche auf _alles_ – und erleben Sie, wie es sich anfühlt, wenn man auf alles verzichten muss – nicht nur eine Woche, sondern einen Monat, ein Jahr, ein ganzes Leben... Ein Leben lang nie das machen oder haben können, was Sie jeden Tag machen oder haben können, liebe Brüder! Versuchen Sie es wenigstens einmal eine Woche – und dann verschenken Sie und helfen Sie, soviel Sie können!

Liebe Brüder! Nichts macht glücklicher, als zu helfen. So helft doch... Ich, Eure Schwester, bitte Euch darum, von ganzem Herzen... Mit reinem Herzen bitte ich Euch um Euer Herz, liebe Brüder. Ich weiß, dass Ihr ein Herz habt! Fühlt es doch nur...

~ · ~

Liebe Brüder!

Ich habe einmal eine Reportage über die sehr, sehr reichen Menschen gelesen. Es gab dort auch viele Fotos, aber es war seltsam, kein einziges hat mich irgendwie neidisch gemacht – alle haben mich nur traurig gemacht und erschreckt. Auf einem einzigen war ein wunderschöner, einsamer Strand zu sehen. Dort wäre ich gerne einmal mit meinem Freund entlanggegangen. Ja, das stimmt... Aber auf dem Foto sah man in der Nähe des Strandes eine Yacht, und unter dem Foto stand, dass die Insel Privatbesitz war. Wie kann einem eine ganze Insel gehören?
Je reicher etwas ist, um so weniger ist es schön. Die Yacht auf dem Bild hat alles verdorben. Wie fühlt man sich dann auf so einer Yacht, die einem gehört und die viele Millionen gekostet hat? Man hat so viel Geld ausgegeben, jetzt will man auch alles genießen... Es gibt Bedienstete an Bord, die Yacht muss durch die schönsten Gegenden fahren, es muss immer die Sonne scheinen, man hat eine sehr teure Sonnenbrille auf, <u>alles</u> ist sehr teuer, alles gehört einem, oder man verhält sich so – und dann? Ein Tag wie der andere, immer die schönste Küste, die schönsten Strände, das schönste Meeresblau – und dann? Vielleicht wird einem überall, wo

man an Land geht, das Schönste und Teuerste geboten, man bekommt alles, was man will, immer – und dann...?
Man ist wie ein König der Welt, man kann sich alles kaufen, man bekommt alles ... aber ist man glücklich?

Ich glaube nicht ... und ich weiß auch, warum nicht. Man ist ja gerade ganz allein! Man hat nur seine Frau, vielleicht ein paar Freunde – vielleicht! –, aber sonst ist man ganz allein, und man weiß es auch! Je mehr man für sich kauft und für sich machen lässt, desto einsamer wird man. Vielleicht merkt man es zunächst gar nicht, aber das Herz merkt es. Alle Anderen arbeiten nur für einen, für das eigene Vergnügen, das eigene angenehme Leben, den eigenen Luxus. Alle arbeiten für einen, und man lässt arbeiten. Oh, wie einsam ist man da! Alles, alles kann man sich kaufen, aber Eines kann man nicht kaufen – und das ist Glück. Glück ist, wenn man <u>mit</u> Anderen zusammen glücklich sein kann. Mit <u>allen</u> anderen Menschen. Es gibt gar kein eigenes Glück ohne das Glück der Anderen.
Man kann zwar einen wunderschönen Abend lang an einem einsamen Strand spazieren gehen, und das ist unendliches Glück, aber man kann keine Insel kaufen und jeden Tag nur für sich einsame Strände haben und wissen, dass es anderen Menschen viel schlechter geht...
Je mehr man versucht, sich das Glück zu kaufen, mit immer mehr Geld, desto weniger hat man es. Je mehr Geld man ausgibt, desto mehr Glück <u>verliert</u> man. Wenn man es für sich ausgibt... Ach, wie glücklich wäre man, wenn man auch nur einen Bruchteil für Andere ausgeben würde!

Auf den anderen Fotos der Reportage sah man einen Golf-
platz, das Gitter einer Villeneinfahrt, Leibwächter mit Sonnenbrille und Funkgerät, eine Cocktailparty, einen Hub-
schrauberlandeplatz, eines dieser superlangen Autos und einen älteren Mann mit seiner Frau am Pool. Alles unendlich
traurige Bilder...

Andere Bilder sind oft auch nicht unbedingt glücklich, aber
auf diesen Bildern war es, wie wenn das Glück ganz
ausgesaugt war. ‚Fotos ohne Glück‘ müsste man sie nennen.
Dabei sah alles so teuer aus – aber genau das ist es ja
gerade. Mit Geld kann man sich nur Einsamkeit kaufen...

Glücklich kann man nur sein, wenn die anderen Menschen
in der Nähe sind, auch in der Nähe des eigenen Herzens...

Letztlich braucht man, um glücklich zu sein, nichts anderes
als die Hand des Freundes, egal wo man ist. Nur seine Hand
– und man ist glücklich! Ist das nicht ein Wunder?

~ · ~

Liebe Brüder!

Vielleicht kennt Ihr die armen Familien nicht, die mit Euch
und neben Euch auf der Erde leben. Vielleicht kennt Ihr
Eure armen Brüder und Schwestern nicht. Aber Ihr könnt
die Augen öffnen und herausfinden, welche Familien und
welche Menschen arm sind. Und ganz sicher begegnet Ihr
auch diesen armen, lieben Brüdern und Schwestern. Sie sind
Eure Brüder und Schwestern, liebe Brüder – nehmt Euch
Ihrer doch an! Denkt nicht, das mögen Andere tun – nein,
Ihr seid es, liebe Brüder, Ihr seid es, die das Geld habt, mit
dem allein geholfen werden kann! Euer Geld ist ihre Hilfe...

Und Euer Geld ist ihre Not ... wenn Ihr es nicht geben wollt! Oh, gebt doch, gebt doch! Was Ihr habt, das gebt, um die Not zu lindern – und um Euer Glück zu vermehren, wenn Ihr erst einmal erlebt habt, wie sehr Euch gerade dies das wahre Glück schenkt.

Und von Eurem Lohn im Himmel wage ich gar nicht zu sprechen. Denn Ihr glaubt ja nicht... Noch nicht! Aber Ihr werdet glauben, wenn Ihr erst einmal geholfen habt! Ihr werdet das wahre Glück kennenlernen, und mit ihm die wahre Liebe – und mit ihr den Glauben an alles, was mehr ist als das scheinbare ,Glück', das man sich mit Geld kaufen kann!

Oh, wie anders werdet Ihr auf Euer Leben zurückblicken, wenn Ihr gestorben seid, wenn Ihr diesen armen Brüdern und Schwestern geholfen habt – oder wenn Ihr es nicht getan habt! Ich bin sicher, dann werdet Ihr entweder unendlich dankbar sein, dass Ihr es tatet und tun durftet – oder aber unendlich leiden... Ihr werdet darum bitten, dass Ihr es hättet tun dürfen, aber Ihr durftet ja; Ihr werdet bitten, dass Ihr es getan hättet, dass Ihr es noch jetzt tun dürftet...

Oh, wie sehr wird man dann unter dem leiden, was man <u>nicht</u> getan hat, obwohl man es hätte tun können. <u>Dann</u> wird man leiden. Doch warum nicht jetzt? Bitte ahnt doch zumindest jetzt schon ein bisschen von dem, worum Ihr dann einst unendlich bitten werdet!

Bitte verzeiht, dass ich jetzt doch so viel vom Himmel spreche, aber ich muss es einfach. Ich weiß auf einmal, dass es so ist – und ich weiß, dass ich es schreiben muss, weil es sonst später <u>mir</u> leid tun wird. Also schreibe ich: Liebe

Brüder, jede einzelne Münze, die Ihr in Eurem Leben nicht für Andere hingebt, obwohl Ihr es hättet tun können, wird sich im Himmel in Leid verwandeln. Es wird Euer Leid sein. In den Jahren Eures Lebens habt Ihr sie nicht hingegeben; in Eurem Sein, das dann folgt, werdet Ihr ewig an jeder einzelnen Münze leiden. So groß, wie der Reichtum hier ist, so groß wird das Leiden dort sein – und die Sehnsucht, dass man diesen Reichtum doch ganz hingegeben hätte, um zu _helfen_. Aber man _hat_ nicht geholfen – und man wird leiden...

Oh, liebe Brüder, wie gern würde ich Euch davor retten! Aber Ihr könnt es selbst, Ihr müsst mir nur glauben... Und nicht einmal das – Ihr müsst nur selbst finden, dass dieses Hingeben das wahre Glück ist, denn man teilt mit seinen Brüdern und Schwestern. Das wahre Glück aber wird auch im Himmel immer das wahre Glück bleiben. Teilen, Hingeben, Liebe...

Ist es nicht ein Wunder, in jedem Monat mehr Geld zu haben, als man eigentlich braucht? Hundert, zweihundert, tausend und noch mehr, so viele Euro, so viel Geld? Aber es gibt Euch zugleich eine so große, aber auch wunderbare Verantwortung. Ihr seid verantwortlich für Eure ärmeren Brüder und Schwestern! Oh, liebe Brüder, Ihr seid verantwortlich – aber spürt doch, wie wunderschön diese Verantwortung ist!

Für jede Münze, die euren ärmeren Geschwistern fehlt und wegen derer diese etwas sehr entbehren müssen, seid Ihr verantwortlich, denn Ihr habt sie! Oh, Ihr habt so viele Münzen, Ihr könnt _so_ vielen Geschwistern helfen! Spürt dann doch auch diese wunderbare Verantwortung...

Spürt doch das Glück, das Euch geschenkt wird, wenn Ihr verschenkt... Ihr seid verantwortlich...
Eure ärmeren Brüder und Schwestern sind in Eure Hand gegeben – oh, öffnet sie doch, liebe Brüder, öffnet Eure Hände doch nur!
Ich bitte Euch von ganzem Herzen...

~ ·~

Liebe Brüder!

Vielleicht glaubt Ihr, dass Ihr gar nicht reich seid. Aber reich ist jeder, der mehr als seine Brüder und Schwestern hat... Jeder, der mehr hat, als er unbedingt braucht. Jeder, der ein angenehmes Leben führen kann, während seine Brüder und Schwestern es entbehren, während sie täglich Sorgen haben, Not leiden, ausgeschlossen sind. Fühlt dies einmal, liebe Brüder, und fühlt, wieviel Geld Ihr zur Verfügung habt, nachdem Ihr für das einfachste Leben und Essen gesorgt habt. Ihr wisst doch, wieviel dann noch übrig ist, ja sogar, wieviel Ihr niemals ausgebt, um wieviel Euer Reichtum jeden Monat anwächst.
Oh, würdet Ihr dieses grausame Wachstum doch nur beenden und mit vollen, liebenden Händen austeilen, was Ihr jetzt zurückbehaltet und ansammelt! Ihr entzieht es Euren lieben Geschwistern, es fehlt ihnen so sehr, so leidvoll! Sie leben in Armut und Bedürftigkeit, und Ihr lebt in Reichtum. Fühlt Ihr nicht den Zusammenhang? Ihr müsst ihn doch fühlen ... Ihr müsst es nur wollen; Euch nicht mehr dagegen wehren, ihn zu fühlen...

Vielleicht denkt Ihr, Ihr sammelt den Reichtum gar nicht an, er vermehrt sich nun einmal. Aber dennoch seid doch Ihr es, dem er gehört? So seid auch Ihr es, der ihn ansammelt. Und wenn er sich _selbst_ ansammelt, so tadelt ihn seiner furchtbaren Handlung und teilt ihn mit Liebe zu Euren Brüdern und Schwestern wieder aus!

Ach, es ist schrecklich, dass sich Reichtum von selbst ansammelt und vergrößert! Es kann gar nicht sein, es stimmt etwas nicht. Keine Münze vermehrt sich von selbst. Wenn sich Euer Reichtum vermehrt, liebe Brüder, dann arbeiten Eure Brüder und Schwestern für Euch — und erhalten kein Geld, sondern Ihr erhaltet es!

Fühlt doch, wie schrecklich das ist und welches Unrecht Ihr auf Euch ladet. Habt doch Mitleid und aufrichtige Scham über diese furchtbare Tatsache!

Und wenn Ihr dies nicht könnt, weil Ihr vielleicht mit Euren Brüdern kein Mitleid habt, soll ich dann vielleicht nur Eure Schwestern erwähnen? Oh, liebe Brüder, habt doch Mitleid, denn Eure _Schwestern_ arbeiten für Euren Reichtum und leben selbst in Not und Mangel! Könnt Ihr dies jemals ertragen?

Fühlt doch den ganzen Zusammenhang, ich bitte Euch: Euer Reichtum vermehrt sich, Ihr sammelt ihn an, und Eure lieben Schwestern arbeiten für Euch, ohne Lohn, denn der Lohn geht zu Euch! Verweist ihm Eure Tür, liebe Brüder, schickt ihn wieder fort, ändert seine Richtung und gebt ihn denen, die ihn so nötig brauchen und doch sogar für ihn gearbeitet haben. Ändert Euer Herz und ändert den furchtbaren Lauf des Geldes — nicht mehr zu Euch, sondern von

Euch zu Euren Schwestern, denen Ihr so viel Unrecht tut, wenn Ihr Euer Herz nicht weich macht.

Liebt Eure Schwestern mehr als das Geld, liebe Brüder!

~ ·~

Liebe Brüder!

Ach, es ist furchtbar, dass das Geld diese Richtung hat – zu denen, die es nicht brauchen, und nicht zu denen, die es brauchen und sogar dafür gearbeitet haben!
Ihr fragt, warum jemand für das Geld gearbeitet hat, das automatisch Monat um Monat Euren Reichtum vermehrt? Es sind doch die Zinsen und die ‚Gewinne‘. Arbeitet Ihr denn dafür? Oder vermehrt sich Euer Reichtum nicht wirklich wie von selbst? Ihr sagt, für Eure Gewinne arbeitet Ihr doch. Aber Eure Brüder und Schwestern arbeiten doch auch. Wieso machen sie keine Gewinne, sondern haben nicht einmal genug zum Leben? Weil sie für <u>Euch</u> arbeiten. Und auch für die Zinsen muss doch jemand arbeiten – und auch dafür arbeiten sie!
Alle arbeiten, aber nur Wenige bekommen Zinsen und Gewinne. Euer Reichtum vermehrt sich von selbst – aber nicht von selbst. Irgendwo wird dafür gearbeitet. Es sind all Eure Brüder und Schwestern, die für Euch Euren Reichtum vermehren.

Und wenn Ihr <u>dies</u> begreift, liebe Brüder, dann dreht doch den schrecklichen Fluss des Geldes um! Verzichtet wenigstens auf die Zinsen, die Euch doch gar nicht gehören – die

Euch nur jetzt gehören, wo die Welt so furchtbar einge-
richtet ist, dass sie Eure Schwestern zu Euren Sklavinnen
macht. Wollt Ihr denn das? Dass Eure Schwestern auf ihr
eigenes Glück, auf ein eigenes ganz bescheidenes, aber im-
merhin glückliches Leben ohne Sorgen verzichten müssen,
um für Euren Reichtum und das ununterbrochene Wachstum Eures Reichtums zu arbeiten, der Euch doch gar nicht
glücklich machen kann?
Wächst denn Euer Glück mit Eurem Reichtum? Oh, würde
es doch nur mit dem Glück Eurer Schwestern wachsen, die
Ihr jetzt zu Euren Sklavinnen macht! Lieber würde ich
Eure Sklavin sein, wenn ich dadurch nur Eure anderen
Schwestern befreien könnte!

Was ist denn Reichtum, liebe Brüder! Es ist das Geschenk,
seine Brüder und Schwestern glücklich machen zu können –
oder es ist die furchtbare Verantwortung für das Unglück
seiner lieben Geschwister... Ihr könnt durch Euren Reichtum
nicht glücklich werden – ich weiß es doch. Und wisst Ihr es
nicht auch? Glücklich werden könnt Ihr nur, wenn Ihr Eure
lieben Schwestern in Eure Arme zu schließen beginnt –
wenn Ihr fühlt, dass sie Eure Schwestern sind, wenn Ihr
anfangt, sie zu lieben. Fangt an, Eure Schwestern wahrhaftig zu lieben – und verwandelt Euer Herz so, dass es
nicht mehr mehr haben will als sie, die dadurch arm sind,
weil Ihr reich seid! Liebt Eure Schwestern und liebt das
vollkommene Teilen dessen, was Ihr habt, mit denen, die
dann auch Euch als ihre Brüder über alles achten und lieben
werden!

Werdet wahrhaftige Brüder, liebe Brüder! Lasst uns wahrhafte Geschwister werden … liebt nicht mehr Euren Reichtum, der Eure Liebe tötet, auch niemals Glück schenken kann. Tötet Euer eigenes Festhalten dieses vielen Geldes … und auferstehen wird dann eine Liebe in Eurem Herzen, die Euer wahrer Reichtum und Euer wahres Glück sein wird. Werdet ein anderer Mensch, liebe Brüder! Es ist so einfach… Und es ist das Allerschönste!

~ · ~

Liebe Brüder!

Wenn Euch ein Unternehmen gehört, dann bitte ich Euch: Schafft Arbeitsplätze für Eure Brüder und Schwestern!

Ich kann es nicht verstehen, dass man seinen eigenen Gewinn und Reichtum vergrößern kann, indem man Menschen entlässt, oder, obwohl man es kann, nicht noch mehr Menschen eine Arbeit gibt. Menschen in die Armut zu überantworten, nur um selbst noch reicher zu werden, das erschüttert mein Herz zutiefst. Ich kann es nicht verstehen – warum tut Ihr das? Denkt Ihr nicht an den anderen Menschen? Oder ist er Euch egal?
Wenn Ihr nicht an ihn gedacht habt, so tut es doch ab jetzt! Und wenn er Euch egal war – so beginnt doch zu fühlen, dass ein Menschenleben niemals egal ist! Und wenn Euch der Bruder egal ist, dann denkt an seine Kinder, an Eure Schwester, die seine Frau ist… Oder stellt Euch, auch wenn Euch der Bruder egal ist, für einen Moment und vielleicht

einen Tag lang vor, wie es ist, fast alles entbehren zu müssen, was ein bescheidenes Leben ohne Sorgen sein könnte.
Stellt Euch vor, wie es ist, wenn einen Sorgen und Entbehrung allmählich krank machen und jeden Tag trauriger und hoffnungsloser werden lassen – und sagt mir, ob Euch der Bruder dann noch immer egal ist! Ich kann es nicht glauben, dass Ihr dann noch immer so denken würdet! Es ist doch nicht so, nicht wahr?

Und wenn Ihr Geld habt, schafft bitte neue Arbeit! Und wenn Ihr sagt, Ihr braucht keine Arbeit für Euer Unternehmen, dann schafft andere Arbeit!
Schafft die sinnvollste Arbeit, die man sich vorstellen kann. Bezahlt einen Menschen, der keine Arbeit hat, dafür, dass er alte Menschen besucht, die niemanden mehr haben. Ist das nicht wundervoll? Ihr würdet mit demselben Geld nicht nur einem Eurer Brüder und Schwestern helfen, sondern noch ganz vielen Anderen. Ihr würdet dafür sorgen, dass die Liebe in der Welt sein kann. Statt dass die Sorge einen Bruder krank macht, macht Ihr es möglich, dass dieser ohne Sorge mit seiner Familie leben kann und dass er viele andere arme Brüder und Schwestern ein wenig glücklicher machen kann. Er selbst wird dadurch auch glücklicher – und Ihr auch.

Schafft unzählige solche Möglichkeiten – Ihr könnt es doch! Kommt es in der Welt nicht nur darauf an? Dass Menschen sich umeinander kümmern? Schafft doch bitte hunderte von Möglichkeiten, dass Menschen genau dies tun können! Alles, was Ihr noch wichtig findet. Mir würden sofort noch so viele andere Dinge einfallen: Armen Kindern Nachhilfe geben; die Natur von Schmutz und Abfall befreien; die Städte verschönern; überall Menschen helfen, wo immer es gerade nötig scheint; Kranke besuchen; in den Schulen und Krankenhäusern helfen – wo fehlen noch Menschen? Wo fehlt noch Geld, damit Menschen das Wichtige und Wichtigste tun können?

Für das Lösen von Streit und Konflikten! Überall gibt es Streit. Könnt Ihr nicht ganz viel Geld zur Verfügung stellen, damit allen Menschen, die sich streiten, durch jemanden geholfen werden kann, der weiß, wie man sich wirklich vertragen kann? Wieviel weniger Streit und wieviel mehr gegenseitiges Verstehen könnte es geben, wenn überall solche Menschen helfen könnten!
Und Menschen könnten wirklich Freude verbreiten, den ganzen Tag, als Beruf – durch Geschichten, durch Märchen, durch Lieder, Musik, Trost, einfach Gespräch, mitten auf der Straße!
Und Menschen könnten zu Euren Brüdern gehen, den anderen Reichen und Mächtigen, und mit ihnen sprechen, ihnen erzählen, was ich Euch zu sagen versuche, und auch das könntet Ihr möglich machen!

Es gibt so unendlich wichtige Arten von Arbeit! Die müsstet Ihr unterstützen, liebe Brüder! Wertvoller kann Euer Geld doch gar nicht werden, als dass es so etwas möglich macht! Ich glaube, die Erde könnte fast ein Paradies werden, wenn aller Reichtum immer wieder dazu dienen würde, das Wichtigste und Schönste und Beste möglich zu machen. Aber Ihr könnt das, liebe Brüder! Ist Euch das eigentlich schon einmal klar geworden? Jetzt wisst Ihr es. Ist das nicht geradezu wunderbar?

Verändert die Welt, liebe Brüder! Seid diejenigen, die das Gute ermöglichen! Oh, ich wäre so stolz auf Euch! Stellt Euch vor, Ihr würdet später sogar in den Geschichtsbüchern stehen: Diese reichen Brüder waren es, die angefangen haben umzudenken. Sie waren es, die die Welt verändert haben. Sie waren es, die auch ihre anderen reichen Brüder überzeugten. Von da an begann alles Geld, dem Guten zu dienen, von Mensch zu Mensch. Es begann das Zeitalter der Brüderlichkeit...

Oh, liebe Brüder, ahnt Ihr auch nur, wie es mir in diesem Moment ums Herz ist...!?

~ · ~

Liebe Brüder!

Ich höre immer wieder, dass man Menschen entlassen und schlecht bezahlen müsste, weil es in anderen Ländern auch so ist. Aber ich weiß, dass das nicht sein kann. Ich weiß, dass man immer tun soll, was man selbst als richtig empfindet.

Was kann Euch passieren, wenn Ihr keine Menschen entlasst und Eure Brüder nicht schlecht bezahlt? Dass Eure Dinge und Waren nicht mehr gekauft werden?

Aber Ihr könnt sie doch preiswert genug lassen. Was würde dann geschehen? Es würde sich doch nur Euer Gewinn verringern. Wäre das die Sache nicht wert? Ist es nicht sogar rühmlich, nicht so viel Gewinn zu machen wie jene, die ihre Brüder ausbeuten und in die Armut stoßen?

Würde man nicht irgendwann sogar nur noch bei Euch kaufen, weil man Euch über alles achtet und liebt?

Und wenn Ihr aber Eure Brüder ausbeutet und entlasst – wer soll dann noch Eure Waren kaufen? Es kann sie doch irgendwann niemand mehr kaufen! Gebt Euren Brüdern und Schwestern Arbeit und einen guten, würdigen Lohn für ihre Arbeit – und es wird Menschen geben, die Eure Waren kaufen können. Und je mehr von Euch lieben Brüdern dies tun, um so mehr wird dies doch so sein!

Stellt Ihr die Waren denn nicht nur für Eure Brüder und Schwestern her? Für wen sollen sie denn sonst sein...?

Ich verstehe nicht, wie man auf andere Länder schauen kann, wo noch das Falsche und Schlimme geschieht. Man muss doch immer auf das schauen, was richtig ist – und dies dann tun! Dieses Richtige und Gute wird sich doch irgendwann unbedingt durchsetzen, weil die Menschen einfach dieses tun wollen und nicht das Schlechte und Falsche. Helft doch, dass dies um so früher geschieht! Je mehr Brüder das Richtige tun, um so mehr müssen sich alle schämen, die es noch nicht tun. Früher oder später werden sie die Scham nicht mehr aushalten, denn sie werden irgendwann ganz allein stehen...

Aber, liebe Brüder, selbst wenn man allein stehen würde, wenn man das Gute tut, so dürfte man um so mehr Stolz fühlen. Wer das Gute tut, braucht sich nicht zu schämen – aber er hilft dabei, dass sich irgendwann die Anderen schämen werden. Also schaut doch nicht auf die, die so handeln, wie Ihr es gar nicht wollt, sondern handelt so, wie Ihr es wirklich aus Eurem Herzen wollt – und irgendwann werden auch die Anderen nichts Anderes mehr wollen, weil auch sie endlich auf ihr Herz hören werden...

~ · ~

Liebe Brüder!

Schon oft habe ich gehört, wie andere Menschen auf Euch geschimpft haben. Ich möchte gar nicht sagen, was dann über Euch gesagt wurde. Mir tat das immer weh – und ich habe Euch immer verteidigt. Ich habe immer gesagt, vielleicht wissen sie nicht, wie es anderen Menschen wirklich geht. Vielleicht haben sie sich nur noch keine Gedanken gemacht. Und ganz gewiss werden sie irgendwann ganz anders handeln. Ich glaube fest daran, dass sie irgendwann all ihren Reichtum teilen werden. Und ihr dürft nicht so von ihnen sprechen, sie sind unsere Brüder, und wir wollen nichts Schlechtes über sie sagen.

Immer habe ich Euch verteidigt, liebe Brüder! Und so denke ich auch jetzt. Ihr werdet das Richtige tun, wenn Ihr erst einmal auf Euer Herz hören werdet. Das Geld macht vielleicht oft taub für das Herz. Aber wenn Ihr lange genug ein Leben gelebt hat, das Euch inmitten Eures Reichtums nicht glücklich machen konnte, werdet Ihr doch an Eure Brüder und Schwestern denken. Ihr werdet Euch erinnern, dass Ihr Brüder und Schwestern habt. Ihr werdet fühlen, dass es Eure Brüder und Schwestern sind. Dass alle Menschen auf Erden füreinander verantwortlich sind – und dass Ihr es seid, die helfen könnt. Und Ihr werdet fühlen, dass Helfen glücklich macht. Einmal ganz und gar an Andere zu denken, an Menschen, die einem nichts bedeuten müssten, gerade sie aber als Brüder und Schwestern zu erkennen, das wird Euch ein Glück schenken, das Ihr bis dahin nicht gekannt haben werdet.

Und ich glaube, Ihr wisst, dass es dieses Glück gibt! Ihr habt nur noch nicht den rechten Mut und die rechte Sehnsucht danach gehabt. Aber ich will Euch so gerne Mut machen und hoffe so sehr, dass Eure Sehnsucht danach groß genug wird! Und ich werde Euch auch weiterhin verteidigen, weil auch Ihr meine Brüder seid und weil ich innig darauf vertraue, dass Ihr einmal das wirkliche Glück suchen werdet. Und dann wird Euch Euer Herz die Antwort sagen.

Ach, liebe Brüder, ich warte so sehr auf diesen Tag!

~ ·~

III.

Liebe Brüder!

Viele von Euch könnten auch Dinge verändern, für die man mehr braucht als Geld. Oh, es müsste so viel verändert werden! Es gibt so viel Schlimmes, bei dem man nicht versteht, wie es möglich ist, wenn Menschen die Welt wirklich liebhaben.

Vielleicht gibt es unter Euch welche, die sich fragen, warum man die Welt retten sollte. Aber so kann man wirklich nur denken, wenn man nur an sich denkt – und wenn einem schon das eigene Leben eigentlich nichts bedeutet. Schon wenn man Kinder hat, könnte man so doch eigentlich überhaupt nicht denken! Aber eigentlich braucht man nichts anderes als Liebe zu einem einzigen Geschöpf. Man kann die Welt um einer kleinen Blume willen retten wollen... Man braucht nicht einmal die Natur zu lieben, wenn man die Menschen liebt – oder auch nur einen einzigen. Aber ich glaube, wenn man auch nur ein Einziges liebt, ist es schwerer, alles Andere nicht zu lieben, als es auch zu lieben.

Ich verstehe es einfach nicht, wie man der Welt gegenüber gleichgültig werden kann, wie man eigentlich aufhören kann, das Leben zu lieben. Hat man sich damit abgefunden zu sterben? Oder ist man von der Welt enttäuscht, hat man sogar verlernt, Hoffnungen zu haben, Wünsche, Ziele? Was bringt einen dazu, dass einem die Welt gleichgültig wird?
Die Buddhisten glauben an Wiedergeburt. Ich finde das einen schönen Gedanken. Aber ich finde es auch schön, mir vorzustellen, nach meinem Leben für immer bei Gott zu sein. Aber nun ja, dafür muss man wieder an Gott glauben. Ich

habe mich auch schon manchmal gefragt, ob Gott nicht vielleicht wirklich alle Menschen wieder auf der Erde geboren werden lässt. Das wäre doch ein unendliches Geschenk! Vielleicht ist es ja so? Aber wieder kann man auch das nur glauben, wenn man an Gott glaubt. Ohne Gott könnte einem das Leben eventuell gleichgültig werden – obwohl ich es auch dann noch nicht verstehe.

Ich verstehe auch nicht, wie einem das Leben _lieber_ gleichgültig werden kann, als dass man an Gott glaubt. Wenn ich merken würde, dass mir die Welt und das Leben gleichgültig zu werden beginnen würde, würde ich doch etwas zu ändern versuchen? Aber vielleicht ist es dann ja schon zu spät... Und vielleicht kann man selbst dann nicht an Gott glauben, wenn man ohne Ihn völlig verzweifeln müsste. Die Gleichgültigkeit scheint mir eine gefährliche Krankheit zu sein... Es gibt dagegen nur zwei Heilmittel: Gott und die Liebe... Beide sind fast dasselbe, denn wenn man es will, kann das eine immer zu dem anderen führen...

~ · ~

Liebe Brüder!

‚Gott ist die Liebe' steht im Neuen Testament an einer Stelle. Ich habe über diesen Satz oft nachgedacht. Eigentlich muss man das gar nicht, aber ich habe es trotzdem gemacht. Der Satz geht ja noch weiter! ‚Und wer in der Liebe bleibt, der bleibt in Gott und Gott in ihm.'
Ist das nicht ein wundervoller Satz? Klingt er nicht selbst dann noch wundervoll, wenn man nicht an Gott glaubt?

Gott ist die Liebe... Ja – ich habe mich oft gefragt, wie man eigentlich lieben kann; ich meine, wie das eigentlich möglich ist, also, _wieso_ es möglich ist. Die Welt ist so, wie sie ist, und der Mensch kann _lieben_! Das ist das größte Wunder von allen. Fast das Einzige, denn ohne dieses wären auch alle anderen Wunder gar nicht da – weil man sie nicht _sehen_ würde!

Dieses Wunder ist so groß, dass es unbedingt nur von Gott kommen kann. Aus der Natur kann es nicht kommen. Es kann nirgendwoher kommen. Nur von Gott kann es kommen. Wenn es Gott nicht gäbe, gäbe es auch dieses Wunder nicht. Weil es aber die Liebe gibt, gibt es Gott. Das ist ein wirklicher Beweis.

Ich habe mir dann oft vorzustellen versucht, dass, wenn ich liebe, in mir Gott liebt. Denn es heißt ja: Gott _ist_ die Liebe. Das konnte ich mir dann irgendwie nie vorstellen, denn man ist es doch immer selbst, der liebt. Aber trotzdem ist es nur möglich, weil es die Liebe gibt, das heißt, weil es Gott gibt. Und dann heißt es: Wer _in_ der Liebe bleibt – so, als ob die Liebe ein Zimmer ist, ein Raum, ein Reich, eine eigene Welt. Wer in der Liebe bleibt... Und der, der in der Liebe bleibt, der bleibt zugleich in Gott, wie wenn auch Gott eine ganze Welt ist, und das stimmt ja auch. Aber zugleich bleibt Gott in ihm – wie wenn Er sich klein macht, so klein, dass Er im Herzen eines Menschen wohnen kann...

Auch das ist eigentlich ein Wunder, dass etwas so Unaussprechliches wie die Liebe aus dem _Herzen_ hervorgehen kann. Die Liebe kann die ganze Welt umfassen! Und sie geht hervor aus einem kleinen Herzen. Eigentlich ist also auch das Herz eine ganze Welt...

Vielleicht muss sich Gott gar nicht klein machen, um im Herzen zu wohnen. Vielleicht muss er nur das Herz groß machen... Und so fühlt es sich ja auch an!

Wenn nun Gott selbst in einem bleibt, dann kann man ja unmöglich weniger lieben als die ganze Welt. Man kann nicht einen Teil lieben und den anderen Teil nicht – wo will man denn einen Unterschied machen? Gott macht doch auch keinen. Und die Liebe doch auch nicht. Gott ist aber die Liebe, also liebt man mit Gott in einem, und ohne Ihn könnte man gar nichts tun. Ich liebe mit Gott, und Gott in mir ... ich verstehe es noch immer nicht, aber ich nehme es einfach hin, denn etwas Schöneres gibt es sowieso nicht.
Wer in der Liebe bleibt... Die Liebe muss für die Welt ungefähr das sein, was die Sonne für die Blumen ist. Ohne sie würden sie ja ganz verwelken. So aber gedeihen sie, blühen sie und schenken sich der Welt... Ja, die Liebe ist ganz genau wie eine Sonne. Ohne sie würde man sterben. Diese Sonne aber ist zugleich Gott.

~ ·~

Liebe Brüder!

Wenn Ihr nun aber trotz allem die Welt zu wenig liebhabt, dann lasst mich versuchen, Euch zu helfen, Euch an Eure Liebe wieder zu erinnern. Denn irgendwo in Euch wartet sie ganz sicher darauf, da sein zu dürfen. Man ist nicht geboren worden, um keine Liebe zu haben...

Seid Ihr einmal an einem frühen Morgen aufgestanden und habt alles in diesem besonderen Licht gesehen? In diesem wunderbaren Morgenlicht? Alles ist dann so zart, so neu, so frisch... Es gibt noch überall diese Morgenschatten und dann überall diese wunderbaren Farben, so deutlich, so farbig... Wie ein Wunder! Man schaut sich um, alles liegt noch ruhig und still da – und alles fühlt sich so ... heilig an.

Hier müsst Ihr es wirklich verstehen, wenn ich das sage, liebe Brüder! Heilig, unberührt, vom Wunder des frühen Morgenlichtes überstrahlt ... das müsst Ihr doch auch schon erlebt haben? Und dann das tauglänzende Gras. Von irgendwo vielleicht schon das leise Bimmeln weidender Schafe. Stille, Frieden, der langsam erwachende Morgen...

Liebe Brüder, das ist einfach ein Wunder! Aber das muss doch eigentlich jeder erleben?

Aber wenn man das nicht erleben würde... Ich habe mich gerade gefragt, ob es etwas Schlimmeres, Traurigeres geben könnte. Aber was könnte noch trauriger sein, als ein Wunder nicht mehr erleben zu können? Dann kann man doch eigentlich gar nichts mehr erleben...

Und wenn ich dann an einem frühen Morgen ... ich muss es einfach erzählen, liebe Brüder! Wenn dann an einem frühen Morgen in den Bergen auch die kleine Kirche des nächsten Ortes noch vollkommen friedlich daliegt, wenn noch kein Mensch unterwegs ist, aber das Morgenlicht hüllt schon die ganze Welt in seinen frischen, zauberhaften Glanz ein, und die kleine Kirche erhebt sich vor dem Hintergrund der friedlich-majestätischen, wunderschönen Berge – ach, dieser Augenblick ist nicht zu beschreiben!

Aber dann ist man an der kleinen Kirche angekommen. Kein Mensch ist zu sehen, man steht ganz allein vor der großen Tür. Man öffnet sie... Man steht im Vorraum, schließt die Tür wieder, völlige Stille... Und nun öffnet man die andere Tür – zum Raum der Kirche... <u>Diese</u> Stille, die einen nun umgibt, ja empfängt, dieser unglaubliche Friede ist wirklich niemals und niemals mit Worten zu beschreiben! Es ist das Heiligste von allem.

Draußen ist der Morgen heilig, so wunderschön! Aber es ist, als würde selbst der zauberschöne Morgen sagen: ‚Ja, ich bin heilig, und du sollst es fühlen, denn ich bin es für dich... Aber eigentlich, im tiefsten Sinne, bin ich es für Gott und durch Gott, und wenn du einen noch viel heiligeren Zauber finden willst, ja, wenn du ihn ertragen kannst, so gibt es noch einen unaussprechbaren Ort...'

Das ist die ganz frühe Morgenstunde in einer Kirche in den Bergen! Oh, liebe Brüder, wenn ich noch andere Worte finden könnte! Wie ist es möglich, dass wir Menschen so etwas erleben dürfen? Was für ein Wundergeschenk ist unsere ganze Welt – eine Welt, in der man so etwas erleben kann, immer wieder...

Und wenn man erst einmal die einen Wunder erlebt, erlebt man auf einmal auch alle anderen. Man ist <u>umgeben</u> von Wundern!

Ein Spinnennetz am frühen Morgen... habt Ihr einmal überlegt, wie eine so kleine, liebe Spinne ein so wunderschönes Netz machen kann? Über Nacht? Vielleicht sogar nur in den frühen Morgenstunden? Wie fleißig dieses kleine Tier ist – und wie wunderschön sein kleines Netz?

Oder hattet Ihr einmal einen Schmetterling auf der Hand ... habt Ihr einmal aus nächster Nähe seine schimmernden Flügel gesehen? Und seinen winzigen Rüssel, mit dem er versucht, auf Eurem Finger zu lecken? Man staunt nur ... man staunt und liebt dieses winzige Tier, das so zart ist, das nur so kurz lebt, aber jetzt ist es hier, jetzt leckt es mit seinem ausgerollten Rüssel den Finger...

Oder habt Ihr einmal das Nachmittagslicht gesehen? Wenn bald die Sonne untergeht? So anders als am Morgen! Zartes, frisches Frühlicht ... goldenes warmes Nachmittagslicht. Beides ist so friedlich, aber selbst der Friede ist anders. Das wundervolle Erwachen des Tages ... und das wundervolle, so andere Sich-Neigen des Tages. Goldenes Licht, das die warmen Kiefernstämme bescheint, während unter ihren Zweigen die Mücken spielen... Am Boden liegen die Kiefernzapfen, man sieht einige Ameisen krabbeln, einen Käfer ... man riecht den Duft der Kiefern, und alles ist, wie es sein soll – man ist einfach glücklich.
Ach, es ist aber immer wieder das Licht, das alles so besonders macht! Das Morgenlicht, das Abendgoldeslicht, die Mittagssonne... Das Frühlingslicht, die Herbstsonne, die Sonne an einem Wintermorgen! Ach, haben Sie schon einmal wirklich gesehen, wie das Licht durch die herbstlichen Blätter scheint? Was für ein Wunder... Selbst wenn die Blätter schon am Boden liegen! Die Menschen gehen da einfach daran vorbei, aber für mich ist dann selbst der Boden bedeckt mit einem Wunder von Licht, von farbigem Leuchten...Und die lieben, abgefallenen, ja vielleicht schon vertrockneten Blätter, welche Schönheit, noch wenn sie am Boden liegen!

Und dann aber auch der Geruch des Herbstes; die Ruhe, die ganz anders ist als im Sommer, das langsame, langsame Sich-Vorbereiten auf den Winter. Das alles gehört immer zusammen...

Haben Sie einmal einen Regenbogen gesehen? Ein Vogelnest mit kleinen Vögeln drin? Ein ganz kleines Lamm? Ich meine, wenn man eines dieser Wunder gesehen hat, wenn man eines dieser wunderschönen Erlebnisse hatte, kann man die Welt – die ganze Welt! – nicht mehr nicht lieben...
Aber vielleicht vergisst man das Wunder. Oder vielleicht denkt man: Das eine war ein Wunder, das Übrige ist es nicht. Aber man kann doch nicht in einer Welt, in der es einen Regenbogen oder ein Nest mit kleinen Vögeln gibt, dem Anderen gegenüber gleichgültig sein? Man kann dann doch nichts gegenüber mehr gleichgültig sein?
Ach, liebe Brüder, man kann doch nicht das kleine Lamm lieben und nicht auch den überfahrenen Frosch, die vielleicht lästige Wespe oder eine vielleicht eklig wirkende Nacktschnecke? Man hat doch trotzdem alles lieb, wenn man das kleine Lamm liebhat? Anders kann ich es mir einfach nicht vorstellen, anders kann ich es nicht verstehen...

~·~

Liebe Brüder!

Wenn Ihr die Natur wieder lieben könnt, wenn Ihr die Wunder wieder fühlen könnt, dann bitte ich Euch: Tut, was Ihr könnt, damit Etwas von all dem Schlimmen, was heute geschieht, aufhört!

Es ist so traurig, das man nicht einmal weiß, wo man anfangen soll! Ist das nicht furchtbar? Dass es so viel Schlimmes gibt, dass man nicht einmal weiß, womit man anfangen soll? Es ist ganz egal, wo etwas anfangen würde, sich zu ändern – und ich finde es schlimm, das Wort ,egal' zu benutzen, aber es ist nur deshalb, weil so Vieles gleich schlimm ist und ich unmöglich sagen kann, wonach ich mich mehr sehne. Ich sehne mich nach so Vielem, und ich finde so Vieles so furchtbar...

Dass Arten aussterben, Tierarten, aber auch Pflanzenarten! Wenn es ein Tier oder eine Pflanze auf einmal nicht mehr gibt – nie wieder! Aber um zu fühlen, was das heißt, muss man sie eben liebhaben können, man muss sie schön finden, man muss sie wertvoll finden! Selbst eine Pflanze, die man noch nie gesehen hat – aber sie <u>wuchs</u> bisher in der Natur. Und sie ist schön, und sie ist einzigartig. Und dann gibt es sie immer weniger ... und dann gibt es nur noch ganz wenige von ihnen ... und schließlich nur noch eine einzige – und wenn sie gestorben ist, keine mehr...
Das ist doch etwas Furchtbares! Man kann das doch gar nicht ertragen, dass es eine bestimmte Art, die es einmal gegeben hat, <u>nie</u> wieder geben wird? Man kann doch nicht zulassen, dass auch nur eine einzige Art aussterben muss? Auch das ist doch fast, wie wenn ein Bruder stirbt! Wir leben doch mit all diesen Pflanzen und Tieren auf dieser Welt – wir zusammen! Man kann doch nicht zulassen, dass <u>eine</u> einzige Art davon verschwindet? Es ist doch ein Gefühl, wie wenn man selber sterben müsste, eine unaussprechliche Trauer... Man kann es einfach nicht zulassen – es darf einfach nicht sein!

Darum, liebe Brüder, verhindert dies, wenn Ihr könnt! Ihr habt so viel Einfluss, so viel Macht – ganz gewiss sogar noch mehr, als Ihr vielleicht glaubt! Die Welt hat sich vor allem durch Euch so geändert – nun soll sie es wieder tun, ich bitte Euch! Macht, dass das Wort ‚Macht' aufhört, so furchtbar zu klingen... Verwendet Eure Macht dazu, das Gute und Richtige, das so dringend Notwendige zu tun! Tut das, was unsere wunderbare Welt braucht – tut das, worum Euch alle Tiere und Pflanzen bitten würden, wenn sie könnten! Und ich glaube, sie bitten Euch sogar – sie tun es, obwohl wir es nicht hören. Aber fühlen können wir es...

Liebe Brüder – sorgt dafür, dass die wunderbare Natur geschützt wird, die Lebensräume für all die einzigartigen Tier- und Pflanzenarten, die wir vielleicht nie selbst sehen werden, aber wir <u>wissen</u>, dass sie mit uns auf dieser Welt leben, vielleicht ganz in unserer Nähe, vielleicht sind wir noch eben an ihnen vorbeigegangen, ohne es zu wissen...

Schützt die bedrohten Lebensräume, den Regenwald, aber auch das, was bei uns verschwindet, weil man zu wenig nachdenkt... Liebe Brüder – seid diejenigen, denen später unzählige Tier- und Pflanzenarten danken können, dass sie noch immer mit uns leben dürfen! Seid ihre Retter...

~ ·~

Liebe Brüder!

Und dann die einzelnen Tiere... Ach, wieviel müssen Tiere für uns leiden! Ich selbst kann nicht verstehen, wie man Tiere töten kann, um sie zu essen – ich verstehe es einfach nicht... Aber viele Menschen können darauf anscheinend nicht verzichten. Obwohl auch sie selbst nie ein Tier töten könnten, wollen sie doch ihr Fleisch essen.

Aber – wenn Tiere für uns Menschen schon sterben müssen, dann sollten sie für uns doch wenigstens nicht noch leiden! Das Leiden der Tiere finde ich am schlimmsten... Sterben muss man selbst ja auch irgendwann. Dass die Tiere nicht einfach sterben dürfen, sondern von uns getötet werden, das finde ich schon unendlich schlimm. Aber dass sie dann noch leiden müssen! Eigentlich müssten die Tiere, die für uns sterben müssen, von uns das allerschönste Leben bekommen! Das beste Futter, die besten Wiesen, die schönste Landschaft, die liebevollste Pflege...

Ach, wie kann es nur das Gegenteil sein! Es zerreißt einem doch das Herz, das zu wissen und daran zu denken! Zu wissen, dass ein Tier, das sein Leben für uns hingeben wird, schon jetzt jeden Tag und jede Minute für uns leidet – in engen Ställen und Käfigen, wo es dicht an dicht neben Anderen leidet, sich fast nicht bewegen kann, um noch besser gemästet zu werden; wo es nie die Sonne sieht, nur das Leiden seiner Brüder und Schwestern, das dem seinen gleicht...

Oh, ich kann die Menschen nicht verstehen, die so etwas zulassen! Oh, ich bitte Euch, liebe Brüder – seid Ihr nicht diejenigen, die das zulassen! Tut etwas dagegen! Beendet das Leiden der Tiere! Wenn schon ihr Sterben nicht beendet werden kann, so seid bitte wenigstens der Retter ihres Lebens! Eines Lebens, wie es jedes einzelne liebe Tier unendlich verdient, das sein Leben für uns lässt...

~ :~

Liebe Brüder!

Und dann die Atomkraft... Wie kann man mit etwas so Grauenhaftem umgehen, was über eine unvorstellbar lange Zeit alles Leben vernichtet und angreift, vollkommen unsichtbar! So etwas ist für mich unvorstellbar. Es ist, wie wenn man sich ein schreckliches Monster in die Welt geholt hätte. Wie kann man so etwas tun?
Manchmal glaube ich, den Brüdern, die so etwas tun, ist alles egal. Sie lieben die Welt nicht, sie lieben das Leben nicht, sie beschäftigen sich mit dem, was das Leben vernichtet. Ja, manchmal glaube ich, diese Brüder lieben den Tod! Selbst wenn sie es nicht wissen... Sie dienen dem Tod, sie lassen den Tod in die Welt hinein, sie verbreiten ihn, indem die Abfälle immer weiter anwachsen, die den Tod in die Welt hinausstrahlen! Atomkraftwerke sind Todeskraftwerke – wie kann man so etwas bauen...

Bitte, liebe Brüder, sorgt dafür, dass diese furchtbare Todestechnik von der Welt verschwindet – und dass wir ganz und gar eine Lebenstechnik bekommen!

Sonne ist Leben, Wind ist Leben – sie verbrauchen nichts, sie bringen nicht den Tod, sie schenken saubere, lebendige Energie, immer wieder. Immer wenn ich Windräder sehe, freue ich mich unendlich! Ich fühle dann eine solche Dankbarkeit, dass ich es nicht beschreiben kann. Jedes Windrad erscheint mir wie ein stummer, starker Bruder, dessen mächtige Flügel sich für eine Welt drehen, die ohne Tod auskommt, die wirklich mit schützendem, reinem Leben arbei-

tet. Treue Brüder, die mit ihren Flügeln treu Energie schaffen, deren Gewissen rein ist...

Manche Menschen ärgern sich über Windräder und finden sie hässlich und unschön in der Landschaft. Für mich ist das unfassbar ... es tut mir wirklich so weh, wie wenn man über meinen schönsten und tapfersten Bruder, den ich selbst unendlich bewundere, schlecht sprechen würde. Ich frage mich dann immer, ob diese Menschen lieber ein Todeskraftwerk in ihrer Nähe hätten... Oder eines, das immer weiter die Kohle verbraucht und die Atmosphäre immer mehr zum Treibhaus werden lässt.

Das ist auch so etwas, was ich kaum ertragen kann! Dass wir durch unseren unvorstellbaren Energieverbrauch sogar die Atmosphäre unserer Erde verändern — und dass, wenn dies so weitergehen würde, sogar das Eis am Nordpol schmelzen würde! Dass dann die Eisbären aussterben würden, das ganze Klima sich ändern würde, mit furchtbaren Überschwemmungen und Dürren...
All das übersteigt wirklich meine Vorstellungskraft — ich kann nicht fassen, wie man <u>das</u> zulassen kann! Man müsste doch alles, alles und alles dafür tun, um das zu verhindern!

Liebe Brüder ... und ich wage kaum noch, dies immer wieder zu sagen, denn so oft habe ich Euch schon so genannt, und immer kam danach eine Bitte... Aber, nein, ich hoffe, nicht immer, denn, ach, liebe Brüder, es geht doch nicht nur um die Bitten! Bitte versteht doch, wie ich es meine! Und ich bitte doch auch niemals für mich — und ich bitte Euch doch immer nur um das, was Euer Herz Euch doch auch selbst sagen würde, wenn Ihr ... es einmal sprechen lassen könnt – oder es spricht ja schon; wenn Ihr es wirklich hören würdet. Oder vielleicht hört Ihr es ja auch schon. Dann bitte ich doch nur um das, was auch Euer Herz schon sagt und was Ihr auch schön hört. Aber vielleicht helfen ja doch zwei Stimmen mehr als eine. Mein Herz und Euer Herz, liebe Brüder...

~ · ~

Liebe Brüder!

Etwas, was ich ganz furchtbar finde, ist das Verschwinden der Bienen. Sie sind noch nicht verschwunden, aber sie werden seltener, krankheitsanfälliger, und in manchen Gegenden sind sie anscheinend schon verschwunden. Ich habe gelesen, dass in China an manchen Orten schon Frauen die Apfelbäume bestäuben müssen, mit einem Pinsel, jede einzelne Blüte! Statt der Arbeiterinnen der Bienen nun die Arbeiterinnen der Menschen...
Ich finde das unglaublich, unfassbar. Es ist, als ob hier etwas ganz Furchtbares geschieht. Fast noch schlimmer als die unsichtbare Todesenergie! Das Verschwinden der Bienen... Es ist wie eine fruchtbare Krankheit, wie das Sterben der Erde selbst... Eine Krankheit, die man noch nicht bemerkt, die aber schon da ist. Das Verschwinden der Bienen – man kann es sich einfach nicht vorstellen! Es _geht_ einfach nicht: Es darf einfach nicht sein, es darf nicht geschehen.

Wie kann man überhaupt Gifte herstellen, die alles vernichten außer das, was angebaut wird? Wie kann man das überhaupt wollen? Alles vernichten außer einer einzigen Pflanze... Warum versprühen Menschen den Tod? Ist auf unseren Feldern denn nicht genügend Platz für die Kornblumen, für Mäuse und Käfer?

Ach, ich würde für jedes Brot doppelt so viel bezahlen, wenn sie nur alle leben bleiben dürften! Und sicher müsste das Brot doch nur zehn oder zwanzig Prozent mehr kosten! Ich verstehe es einfach nicht... Wie kann man wegen des Geldes die ganze Natur umbringen... Kornblumen, Mäuse, Käfer, Hasen, Raupen, Schmetterlinge, ungezählte andere Pflanzen und Tiere, dann irgendwann auch die Vögel, jetzt auch noch die Bienen...

Und jetzt verstehen Sie vielleicht, warum ich das Wort ,egal' so hasse und doch nicht anders kann, es zu benutzen, wenn ich sagen müsste, was man zuerst tun muss! Es ist einfach <u>alles</u> so schrecklich.

Und wenn Ihr etwas ändern könnt, liebe Brüder, dann fangt doch um Himmels willen noch heute an und setzt Euch schon morgen für das Nächste ein! Ihr versteht doch inzwischen sicher, dass nicht nur ich, Eure Schwester, Euch unendlich danken würde, sondern auch unzählige andere Brüder und Schwestern und nicht nur sie, sondern auch die Tiere und Pflanzen, die Bienen, die ganze Natur, ja eigentlich die ganze Welt! <u>Alles</u> wartet auf Euch — Euch, die Ihr Einfluss habt, die Ihr die Welt verändern könnt!

Alles wartet auf Euch — auf Euren Mut und Euer Herz, liebe Brüder!

~ · ~

Liebe Brüder!

Ich weiß nicht mehr, was ich schreiben soll.

Ich könnte noch so viel schreiben, aber gleichzeitig spüre ich, dass ich Euch durch immer mehr Schrecklichkeiten und Bitten ermüden könnte.
Das ist auch so etwas Schlimmes: dass man irgendwann müde werden kann – von so etwas! Aber ich kann es verstehen, auch wenn es weh tut... Deswegen muss ich mich jetzt zwingen, aufzuhören, ein Ende zu finden, auch wenn dies ebenfalls weh tut. Denn ich würde am liebsten nie ein Ende finden, mich an Euch zu wenden, liebe Brüder – ich habe eine so unendliche Sehnsucht und eine so unendliche Hoffnung gegenüber Euch!

Nun bin ich nur ein Mädchen, und was ich denke und fühle, ist für Euch vielleicht ganz unwichtig ... noch immer, einfach unwichtig geblieben...
Und doch hoffe ich so unendlich, dass es anders sein könnte! Dass mein kleines, für Euch unwichtiges Herz trotz allem Euer Herz rühren könnte – oder, nicht einmal rühren, nur erinnern... Ja – dies glaube ich eben ganz fest: dass auch Euer Herz längst das Richtige will! Dass Ihr Euch nur daran erinnern müsst, und dass Ihr vielleicht außer dieser Erinnerung noch ein wenig Mut braucht, Eurem Herzen zu folgen. Aber auch das glaube ich: dass Ihr eigentlich ganz viel Mut habt, ganz viel...

Ihr habt genug Mut, um die Welt zu retten, um alles Schöne zu bewahren – Ihr könnt es, und wenn Ihr es wollt, so wird es geschehen! Ihr müsst nur die Wunder wieder sehen und lieben lernen ... nein, eigentlich nur sehen lernen, die Liebe kommt von alleine...

Lebt wohl, liebe, liebe Brüder, meine Hoffnung wird Euch für immer begleiten!

~ ·~